【日】丸山佑介　世界旅行者信息研究会　编著

王　玲　译

旅行智慧书

海外达人

带你游世界

中国轻工业出版社

旅行 A 到 Z

从萌生旅行的念头到旅行结束

讲海外旅行的书，大多像旅游攻略那样，围绕一个地区讲讲景点、游玩路线，但是本书不一样，它是个例外。

大家是怎么看待"海外旅行的方法"呢？在这本书里，你不会看到什么"必须遵循的规则"，罗列规则，这不是我们做本书的目的。

大家又不是被强迫着去海外旅行的，相反，都是在萌生了"想旅行"或"去什么地方看看""去远方"的念头后，才着手准备海外之旅的。

例如到世界遗产所在地旅游的人，往往是对世界遗产感兴趣的人，他们十有八九先是上网、买书看，觉得光是这么看不尽兴，遂将这些地方列为旅行目的地。也就是说，大家一开始只单纯地有一个想旅行的愿望。

想出去旅行的话，不论是学生还是已经工作的人，都必须调整自己的资金和假期——很多人因为这两个问题而放弃旅行。如果这两个问题解决了，去旅行的人一定会更多吧。

旅行不只有背着背包，花几个

月或者几年时间周游世界这一种形式，还有在一个国家待好几个星期的长假游、只在周末出去的一地游、跟团游、自由行等。不仅可独自旅行，还可以跟朋友、恋人，大家一起去旅行。不仅可以背背包，也可以带大衣箱或旅行箱。

总之，并非只有背包客才是真正的旅行者，无论以哪种方式旅行，享受快乐才是最重要的，旅行的方式没有高下之分。

旅行中会遇到什么人，会经过什么地方，会选择什么交通工具，会品味什么美食，会买什么特产……都会给你在家时难以得到的体验。

当然，旅行时也会碰上不开心的事，比如丢失东西、坐车被宰、遭到语言和行为上的歧视等。回家后，有人"还想去旅行"，也有人感叹"当初没去旅行就好了"或者"再也不出去旅行了"，各不相同。

一百个旅行者就有一百种旅行体验，没有完全一样的。这才是旅行的体验。

这本书不是告诉你什么一定要做的事，而是会奉上一些最基本的、必需的原则，至于到底该怎么旅行，旅行者可以自行发挥。

本书从"萌生旅行的念头"开始讲起，包括应准备哪些物品、机场的情况如何、在旅行地可怎么度过、遇到麻烦该怎样应对、世界各国的旅行地介绍、回家后消化旅行经验的方法等。

本书的特色在于收集了有经验的背包客、热衷周游世界的博主、旅行作家、买手等旅行达人的文章。这些旅行达人们的经验之谈，一定能给大家有益的启示。

出门旅行，了解一些基本方法固然重要，但是完全按照方法来，未必能充分享受到旅行的乐趣。相

比之下，不如在掌握最基本的知识之后，再借鉴别人的经验，灵活地制定自己的旅行方案。

无论多么厚的旅游书、攻略书，都不可能完全适合旅行者的具体情况。况且，即使有这么一本书，完全按照书中的方法旅行也没有什么意思。我们只能根据自己的实际情况做判断、采取行动，在旅行后收获满满的成就感——美好的回忆、意料之外的麻烦、各种各样的失误……都将成为你的珍贵收获。对自己来说，这些专属于自己的旅行成果，才最重要，它们是别人无法带给你的，是你从外面世界得到的、最真实的旅行体验。

所谓"最好的旅行"，就是指让旅行者收获专属于自己的真实体验的旅行。

无论对谁来说，旅行都会成为很精彩的经历，希望大家能从书中众多旅行达人的文章里感受到他们各种不同的"最佳"收获，深入体验多姿多彩的旅行。

丸山佑介

CONTENTS

目录

第1章 为了出去旅行（事前准备篇）

第 2 章　出发去旅行（飞机、机场篇）

第3章 旅行和停留的日子（日常生活与出发旅行篇）

第4章 世界在等待旅行者（各地的旅行热点篇）

第 5 章　意外事件决定旅行的成败（危险应对篇）

第 6 章　顺利回国是旅行重要的一环

第 1 章

为了出去旅行

（事前准备篇）

背包客、女性旅行、结伴旅行……
你选哪一种

◆ 多种多样的旅行方式

旅行的人数、目的、预算、交通工具不同，旅行的方式也不一样。那么，该选择什么方式的旅行呢？下面，就为大家介绍几种颇有代表性的旅行方式。

首先最常见的方式——背包客。背包客，会将所有行李都装在一个容量大于 50 升的巨大的背包中，然后背着它去旅行。他们往往利用打折机票、廉价航空（Low Cost Carrier, LCC）等，花很少的旅费，进行好几个月的旅行（也有很多人选择周游世界）。背包客大多住青年旅社（Guesthouse），多是多人间的大宿舍。背包客也常常是穷游的代名词，这种方式一度被奉为最地道的旅行方式。

最近，也有人（主要是已经参加工作的人利用带薪假、长假）带着包进行为期一周左右的短期旅行，有人带的是行李包，有人带的是小型旅行箱，虽然没有背大背包，但仍然是背包客。

如果是情侣或朋友搭伴旅行，建议参加旅行团或在旅行社人员的协助下进行自由行。自由行是指将机票和酒店成套订好，在一周以内的短期旅行，非常受大家欢迎。因为有旅行社负责解决酒店和机票这两个最麻烦的问题，同时又保证了旅行的自由度，经常旅行的人更愿意选择这种方式。

除了上面提到的当背包客、自由行外，旅行者还可以根据实际情况灵活地选择旅行方式。在这方面，本书也提供了丰富的提示。不论用什么方式旅行，只要能满足自己的需求，能从中得到快乐，就是好的。

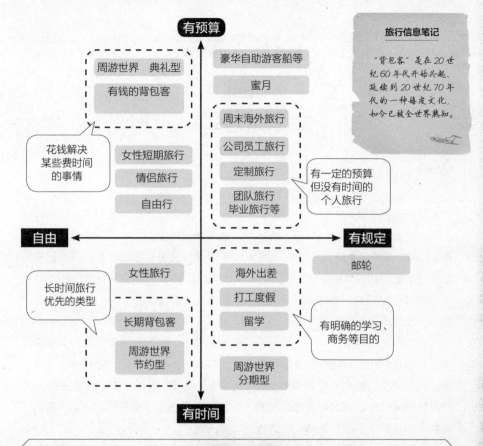

旅行信息笔记

"背包客"是在20世纪60年代开始兴起，延续到20世纪70年代的一种嬉皮文化，如今已被全世界熟知。

有预算

周游世界 典礼型
有钱的背包客

豪华自助游客船等

蜜月

周末海外旅行

公司员工旅行

定制旅行

团队旅行
毕业旅行等

花钱解决某些费时间的事情

女性短期旅行

情侣旅行

自由行

有一定的预算但没有时间的个人旅行

自由　←→　有规定

女性旅行

海外出差

打工度假

留学

邮轮

长时间旅行优先的类型

长期背包客

周游世界
节约型

有明确的学习、商务等目的

周游世界
分期型

有时间

◁ **旅行的主题** ▷

　　旅行除了可以按方式分类外，还可以按主题分。例如"自我探寻之旅"，很多人抱着"我到底是谁""我想做什么"的困惑，自我放逐，外出旅行。这些人大多会在旅行的过程中意识到自己所置身的现实并回归社会。不过，现在"自我肯定之旅"也在剧增。一些有一定社会经验的人，包括中老年人，因为怀疑人生，会带着"这是我想要的生活吗"的烦恼在突然而至的长假或换工作的间隙，到海外旅行，目的是肯定自我，让自己相信"现在这样就很好"。

　　除此之外，还有一地游，就是利用周末和一天带薪休假到海外旅行。主题呢？有的人只是想喘口气，放松一下，但大多数人是想"呼吸一下海外的空气"，即使没办法到海外进行长期旅行，也至少接触一下海外。更高级的，还有周游世界、自我提升之旅等。不论什么类型的旅行，什么主题的旅行，归根到底都是旅行，这是不变的。

女性旅行的现状

文 / 山田静

"为什么必须一个人去旅行呢？"

作为女性旅行组织"一个人去旅行促进委员会"的负责人，这个问题，我已经记不清被问了多少次了。

原因虽然很多，但我第一个想到的是"享受成就感带来的快乐"。

就从小事说起吧。

在小摊上胡乱点的炒荞麦面很好吃、在公交车站顺利地买到车票、在全是当地人的电影院里看当地语言的电影……这些小小的"成功"在旅行中比比皆是。男人是什么情况，我不知道，但这些都是我们女性在平时的生活中没什么机会体验的"成功"。

现在的女性在哪里都得小心翼翼。一个人吃饭，周围的人都会投来异样的目光，让人不自在。找人一起吃，点菜又令人头痛（某本杂志在"一个人旅行特辑"中甚至写道，一个人旅行的好处之一就是"喜欢什么就吃什么"，实在让人欲哭无泪）。虽然对这个话题，我很不以为然，但碍于面子还是露出暧昧的笑容。如果这样的情形反复发生，人就会渐渐迷失，不清楚自己真正喜欢什么，怀疑自己的能力。一个人的旅行，能让人重新找回失去的自我。

自认性格刚硬的人遇到举止轻浮的小流氓，居然理都不想理；原本温文尔雅的人为了一个卢比和陌生人发脾气；上车时一定要擦拭车把手的洁癖症患者在旅途中竟然三天不洗澡都没关系。

一次又一次，这些"出乎意料的自己"，这些"居然做到了的事"，给人带来"自我突破"的成就与快乐。随着旅行的进行，女性的元气和力量增加了。

独自旅行的女性，也有烦恼

女性独自旅行容易发生意外。譬如，在印度，结伴旅行的人或独自旅行的男人，站在恒河河畔，可以尽情沉浸于异国的空气，思考人生，度过美妙时光。但独自旅行的女人，就难得有这样美好的体验了。

"你从哪里来呀？""一个人吗？""你是哪国人？""要土特产吗？""要吃饭吗？""不要？""要去寺庙吗？""好的？""那么你想干什么呢？"

男人们一次又一次地走过来，带着一半好奇一半轻浮的神情，和你搭讪。卖土特产的小孩子也向你走来。"哎呀！吵死了！"直到女人吼起来，他们被吓到了，才慌忙散去。

再譬如，你在餐厅里，翻开满是不认识的文字的菜单，想随便点个菜，旁边的人突然对你说"这些全是汤"，然后从自己的盘子中分一些菜给你，作为招待，再告诉你调味料的使用方法；或者在夜行的列车上，坐在你对面的一家人将便当分给你；或者你才在酒店安顿下来，服务员就过来和你搭讪；或者在出租车上举止粗鲁的司机威胁你："不和我约会就不让你下车！"；又或者在你买生理用品时，和你住一个房间的女生义务帮你翻译，却因为砍价和店里的人吵起来。还有些时候，你遇到的人没能仔细观察周围的气氛，只顾着按自己的习惯和你开玩笑，还不给你了解他真实意图的时间。

很少会有女性独自到乡下旅行，在当地人眼里，这样的你是异类，有对你不友好的，更多的则会为你担心。就这样，和无数形形色色的人交流下来，虽然有时会感到挫败，但旅行的乐趣也在增加。

独自旅行的女性会逐渐爱上旅行。即便也喜欢团队旅行、家庭旅行、和其他人一起旅行，也要承认，独自旅行的体验是其他旅行无法代替的。

需要防范潜在的危险

不用说，独自旅行的危险性比较高。不管怎样，和男性相比，女性在生理上更为柔弱。况且，独自旅行的女性，但凡发生或大或小的事情，总会吸引众多好奇的目光。2012年罗马尼亚女大学生被杀事件发生后，网上就出现了很多她的素颜照、化妆照，以及各种各样的议论。

这必须引起大家的重视，每个独自旅行的女性都应重视自我保护。

至于旅行的动机，女性有各种各样的说法。"想扩大自己的眼界""从公司辞职了，想思考一下人生""就想出去看看"，等等。什么样的动机都可以，去什么地方旅行都可以，只要买一张去往目的地的票，乘上巴士就可以。你会在旅行中找到自己的世界、自己的真心。

亚洲、欧洲、非洲……
你选择哪个地区

◆ 制定旅行线路的第一步

一旦决定出去旅行，首先必须确定"旅行目的地"，要从"想去的地方"和"能去的地方"这两个方面考虑。例如，"想吃美味的小笼包"，要去台北吃，就确定了想去的地方。而"能去的地方"呢？就必须从休假天数、预算、安全这三个方面来斟酌。无论是已经工作的人，还是学生都必须考虑休假天数。例如，只有3天2夜的时间，就无法去吴哥窟，因为没有直航的航班。想游玩的时间稍稍宽裕一些，最少还需要两晚，但实现起来比较困难，且预算也会增加。这是因为需要在短时间内往返，只能选择方便出行的白天的航班，而这个时间段的机票价格非常高。即使跟团游，

票价便宜的也都是深夜或清晨出发的航班，抵达目的地时往往是深夜，有时甚至需要你在机舱内过夜。所以，为了最大限度地利用好自己能掌握的时间，就必须有足够的预算。

再说安全。你需要确保自己能从旅行目的地平安无事地回国。可能有人觉得只要不去正打仗、动乱的地方就没问题。但是实际上，海外旅行的潜在危险远不只战乱，就算公认的比较安全的国家，其郊外以及主要城市以外，治安也不是那么好。此外，对男性而言，独自旅行没什么问题的地区，对女性来说也可能不怎么安全。

选择旅行路线，要兼顾愿望与现实。

除生活费外
能用的钱 → **预算**

有 ——————————————— **无**

时间 | **时间** ← 各人情况不同，
一个月以上

有 —— **无** | **无** —— **有**

A
这是实现旅行计划的最理想状态。建议根据目的地的环境决定要不要同行者，旅行的主体是自己还是和别人一起结伴。

B
时间有限但经费宽裕，建议近距离旅行。要清楚自己更看重交通方式，还是酒店，更愿意在哪方面多花钱。把"用金钱买时间"当作指导思想，必须考虑哪种交通方式更节省时间。

B'
时间和资金都有限，这是谁都可能碰到的情况。廉价航空公司在促销活动期会出售几百元的往返机票。既想省钱又想省时间，你就需要多付出一些智慧和劳动。

C
没有经费但是有时间，建议作背包客穷游。尽管不同的人在开销方面可能差别很大，却都需要在资金允许的范围内安排行程。

建议地区、计划

旅行社的私人定制服务（长期）、奢华背包客、周游世界等，可选择的方式很多。让穷游者敬畏的欧美等地就不用说了。不管是一般旅行者很少涉足的中亚等偏僻地区，还是旅游业非常发达的马尔代夫、马达加斯加等，都可以考虑。

选择距离比较近，能充分享受旅行的地区。如果是3天2夜的旅行，最好选择香港、澳门、新加坡等地的自由行；4~5日的话，可以选择东南亚地区；如果能玩上整整一周，澳大利亚也可纳入考虑范围。

在廉价航空公司中，最大牌的是亚洲航空，它的促销活动多以吉隆坡为中心。除此之外，3天2夜的旅行中，价格低廉的自由行还有曼谷、台北等，都颇受旅行者欢迎。这些地方的航班多，经常打折，碰到好的价格就不要犹豫啦。

旅行的规格有大有小。在一个国家乱逛、周游东南亚、周游世界，怎样都行。这和A类旅行没有太大区别，只是需要精打细算。不过，这才是旅行的最高境界。

谷本彩香
Ayaka Tanimoto

克服阻挡女性旅行的障碍

"住宿怎么办？""那边有认识的人吗？"每当一个女孩打算出去旅行，她身边的人都会担心她在目的地的情况。实际上，女性在独自旅行前会遇到很多拦路虎，要突破很多难关。

🎒 第一道难关是说服父母

独自旅行，哪怕有朋友同行，父母也常会因为担心你的安全而拒绝你去，这是女性外出旅行碰到的第一个难题。不知道大家是如何说服父母的，下面我讲讲自己的方法。

● 制定计划

制定计划时要将目的地、日程安排、紧急联系人等都写清楚。我最初制定计划是为了让父母放心，说服他们同意我外出旅行，但渐渐地这一计划变成了让我自己安心的东西。所以后来，每次启程前，我都制定两份计划，一份给父母看，一份给自己看。

● 发动周围的人

"出去旅行能让孩子积累有益的经验，应该让孩子去。但是，如果真的发生了什么事该怎么办呢？有些人觉得错不在孩子，在私下里指指点点，说父母不好'为什么同意孩子去呢？'"在学生团体主持的亲子交流会上，我第一次听到父母们的心声。

回想第一次离家旅行，我满脑子想的都是自己的事。虽然父母看到认真制定计划、为旅行努力打工的我，并没有强烈反对，同意我出去旅行，但他们当时一定比我还要紧张吧。所以应尽可能地让父母信任的第三方如亲戚、朋友等，说服父母，打消父母的疑虑。

"如果我是父母，会因为什么反对孩子出去呢？又会因为什么才下定决心同意孩子出去旅行呢？"说服父母的第一步是"考虑父母的心情"。如果你既能体贴地为父母着想，又能让父母看到你的坚定，父母一定会同意你的决定。

🎒 让女人抓狂的行李

说服父母后，就该着手具体的准备工作了。男人和女人最大的区别是准备行李吗？

很多不是生活必需的物品，女性也最好随身携带。

比如，大量的服装和化妆品。如果执着地认为这些是必需品，就都带上好了。但如果想玩得尽兴，就要把行李减到最轻。服装带实用性强的，用着麻烦的化妆品干脆不带，没必要在旅行时浓妆艳抹，周围的人要是有意见，就让他们说去吧！

下面我要向那些不知道该不该带女性物品的人传授既能保持女人味又能轻便上路的秘诀。

● 衣服要选能套着穿的，这是基本原则

只要去的不是寒冷地区，就可以靠加衣服、套着穿来保暖，如果你带的是速干性好、洗涤便捷的衣服就更好了。带一条长围巾，能保暖能防晒。尽量选择有多种用途的物品，以减少行李。化妆品带基础的就够了。

较之眼影、口红等彩妆，我认为更应带上以保护皮肤为主要功能的护肤品。在新环境中，皮肤呀，头发呀都容易变得干巴巴的，特别是在气候干燥的地区，被强烈的紫外线照射后，简直惨不忍睹。

● 选择薄而轻的小分装袋

相比男人，女人的零碎东西更多，最好把它们集中放置。把衣服装进压缩袋或网眼袋里。户外用品店出售的编织袋，分量轻，色彩绚丽，还是用很光滑的材料制成的，方便将衣服取进取出。

🎒 对女性而言有难度的地区

现在讲讲出门旅行。

在一些国家，当地的女性很少单独出行，如果去这样的国家旅行，身为女性很容易被卷入性犯罪。不用说，碰到这种事实在是太糟糕了。

女性在这些国家旅行时，要特别注意服装和举止。如果不知道该怎么办，就参照当地女性吧，模仿她们的打扮和举止，不会有太大问题。因为宗教的原因，有些地方禁止女性入内，比如寺庙的某个角落，即使可以进入，露肩、露膝也不恰当。在这些地方，要避免太暴露的着装。此外，"在自己国家不能干的事，在国外也不能干！"

● 在旅行目的地哭鼻子的反而是男人

女人在出国前焦虑，而男人（不是全部，偏多而已）则是到了旅行目的地才明白自己的处境。

常常听说男人被骗得身无分文，流落他乡，很少听说女人发生这种事。

这是不是和结婚一样呢？老公们常常一边看电视一边笑着说："我当初可不就是这样吗？"

女人在出发前往往会想很多问题，"假如……会不会……"女人在谈恋爱的时候也常常说"假如"。

充分考虑，甚至过分考虑不是坏事，考虑问题所花费的时间、精力，在旅途中、在旅行的目的地一定能帮到你。所以准备旅行时一定要多和别人交流，以获取信息，同时自己也要认真调查，这非常重要。在旅途中，你也应该继续收集信息，要知道一旦停止与他人交流，停止自己思考，就会碰到麻烦，考虑问题必须尽量周全。

🎒 女性旅行的障碍

女性旅行确实会遇到一些障碍。不过，我认为很多障碍是自己给自己设的。

想说服父母再去旅行的，常常是自己没有说服自己的。

自己问自己"如果在外面发生什么事情怎么办"的次数，多过别人问自己。

女性旅行不是什么特别困难的事，也不是一件多可怕的事。

总之，对女性而言，"不给自己设障碍"最重要。

旅行线路的选择

文 / 窪咲子

出去旅行，确定线路让人头疼。我曾经因为要进行为期一年多的长期旅行，在确定什么时间去什么地方上费了很大的劲。然后才按照计划，办签证、预订机票，一步一步地完成准备工作。我还去图书馆查阅各种各样的旅游书，如果去各国的观光局，对方不仅接受线路咨询，还会推荐笔友给你。

认真地做计划，确定切实可行的线路，曾让我信心十足地认为，只要按照计划进行，一定能得到充实的旅行。但是一出发，就完全不是这么回事了……例如，听到路上碰到的人说"某某地方不错"，临时起意，想去那里；或者太喜欢某个地方，舍不得走，比计划多待了很长时间。在国内我已经办好了叙利亚签证，但是在我的欧洲之旅进行了一个月后，叙利亚治安急剧恶化，导致我不能进入叙利亚，计划完全被打乱。

很多旅行者非常在意旅行是否能按照计划进行。然而，跟遵循详细、严密的计划相比，由当地的情况决定接下来去哪里往往更加自在有趣。当然，由于飞机等交通工具要提前购票，还是需要事先对行程做个大致的规划。拿我自己来说，我大约会提前一个月预订机票，在临行前在网上预约巴士，或者提前几天到巴士站买车票。

什么季节旅行，也很重要。我去过西班牙两次。第一次在寒冬，真的没有给我留下什么印象。第二次去是夏天，正好是当地气候最好，活动最多的时候。我赶上西红柿节，还去了巴利阿里群岛的伊维萨岛。同样的一个地方（国家），因为到访时间不同，给人的印象也完全不同。与此相反，8月份到迪拜，气温高达40摄氏度，简直就是灼热的地狱！中午根本无法外出，还不巧正赶上伊斯兰教的斋月，从日出到日落不能进食。白天，所有的商店都关门，也没有什么好玩的事情发生。因此，旅行的季节、气候相当重要，必须事先调查清楚。

即使没有完全确定线路，只要确定了目标，如"雨季的乌尤尼盐湖""里约的狂欢节"等，旅行也会不错。如果有人觉得坐在家中翻旅游书确定线路很头疼，可以这么想想：旅行，不一定要按照计划进行，"不知道会发生什么"也是旅行的乐趣之一。

出发之前，了解各种"须知"

003

收集海外信息最基本的方法是阅读旅游指南、游记，有经验的人还会登录目的地观光局的网站。

有的人因为太忙，在确定目的地到出发期间，都没有时间收集信息，只能在到达目的地之后收集信息。

如果是这样的话，不用说，全得依靠网络，在网上，个人博客、旅行网站、攻略集合等，应有尽有。此外，在 Twitter、Facebook 之类的社交平台（类似中国的微信、微博）上输入"旅行"，一些朋友就会直接给你提供各种信息。这也是快速收集信息的一种手段。但是朋友有亲有疏，他们提供的信息的准确性也不一样，不一定都能用。而且如果你的朋友都对你的目的地不大了解，很可能你就只能收到"加油""好啊""带特产"这样的反馈。

如果收集信息有困难，就在网上输入关键词，这是最常用的方法。例如，想了解进入尼泊尔的信息，可以输入"尼泊尔入境签证需要什么"，查看与此相关的国家、地区的官方网站、个人网站、博客等。

要注意的是信息发布的时间，无论信息多么详细，太陈旧就没有意义。例如 2010 年以前的中东和现在的中东完全不一样。无论这个网站本身如何完善，都不建议把太老的信息作为参考——就算老信息能帮到你，也应该优先参考新发布的信息。

带哪种旅游书才好

文 / 山田静

现在是不是没必要带着旅游书去旅行呢？也许有人会说，只要随身携带笔记本电脑或平板电脑，需要查询信息的时候，上网查就可以了。

且慢，等一下！

首先要确认当地的 Wi-Fi。一些国家的 Wi-Fi 尚未普及，网络状况有好有坏。虽然已经没有必要带着沉重的旅游书去旅行，但最好能先将所需信息转换成 PDF 文件，或者在有 Wi-Fi 的地方整理、下载、复制好需要的文件。这里提醒一下大家，在路上一边拿着平板电脑看地图，一边走，是很容易被坏人盯上的。

不管怎样，简洁、客观地归纳并提供基本信息的旅游书用起来还是很方便的。为大多数背包客信赖的老牌英文旅游书"孤独星球（Lonely Planet）"系列就值得推荐，它的行文简单易懂，地图简明易用，包括街道的概要、住宿酒店、饭馆、银行（兑换货币）、售票处等所有旅行者需要的信息。我推荐下载电子版，孤独星球官网（www.lonelyplanet.com）上的 Shop 栏里，有该系列的所有图书，可以只下载自己需要的章节。和纸质书相比，电子书要便宜 30%~40%，一章大约只需 5 美元，下载两章可以免一章的费用。（目前已有中文版孤独星球电子书可供下载，但蚂蜂窝等网站也可以提供类似的旅游电子书的免费下载。）

旅行者在目的地最想买的是地图，因为地图里包含了大量旅游信息。车站、机场、巴士站等都是旅行者去得最多的地方，尽量购买英语和当地语言都有的地图。这种地图通常都能及时更新巴士线路、酒店等信息。

顺便说一下，这世界上的人是否都会看地图呢？不尽然。有的人，你拿地图给他看，他也一脸茫然。有的人甚至会"怀着一颗真诚的心"，为你指错路。

传说中的旅游书

曼谷的考山路曾有人卖过名为《金村吉米的 Bus Map》手绘旅游指南。里面有曼谷复杂的巴士线路换乘指南，还有考山路周边的美食小馆说明，50 泰铢一本。有人说贵，有人说便宜，我想，应该有很多旅行者能从这本书中受益。

004

旅行必带，一个都不能少

有的物品是无论哪种类型的旅行都必须带的，如护照、机票、钱、包等。除包以外的东西都需要办很多手续，出发时千万别忘了。

包也必须提前买好。现在大家常用的有背包、旅行包、旅行箱、登山包等，究竟买哪一种包，要根据旅行的类型来确定。旅行用的包大体可以分成旅行箱和背包两大类。

长期旅行去的地方比较多，还经常要去偏僻地区，不用说应该选择背包。而以大都市为目的地的旅行，即使是中长期的，也还是用旅行箱更方便。除了按目的地选择不同的包，还有不少人以是否能带上飞机为标准来选包。要注意，你需要办理托运的行李里，必须有不怕摔不怕碰的坚硬型旅行箱。选择什么样的包是个人的事，

有人无论如何都不托运，坚持把包带到客舱内，也有人将笔记本电脑之类的易碎品单独装在轻便的背包里，然后将背包托运。

实际上，只要行李的尺寸在规定尺寸范围内，便可随身携带进客舱。

对此，航空法中没有相关的规定，几乎所有的航空公司都同意将长宽高之和不超过115厘米的行李带进客舱。

廉价航空对行李的重量有所限制，超出规定重量的部分要额外收费（各廉价航空收费标准不同，应提前查询）。这样一来，即使没有出去旅行过的人也很容易就能想象到行李包大小的重要性。在后面的内容（第038页）中还会谈到必带的物品和行李，请读者参考。

◆ 背包客用背包容量的标准

45升	2~3日	一地游用
50升	一周左右	短期旅行用
70升	一个月左右 （以要洗衣服为前提）	长期旅行的背包客用的基本型号
90升	一个月以上的长期旅行或者两周左右的替换衣物	超长期旅行的背包客用

◀ 利用名片收集各种信息 ▶

如果不希望在收集信息上出问题，就必须收集最新的信息。在明确这一点后，检索各种网站，基本上能找到满足你需求的东西。

从前日本旅馆的房间中有"信息簿"，上面有最新的旅行信息。旅馆就是从世界各地而来的旅行者的交会点。

也就是说，从印度来的人和要去印度的人住在同一个旅馆中，以旅馆的"信息簿"为连接点，自然而然地交换最新信息。在现代社会，信息以惊人的速度在世界范围发生着变化，不仅是日本，"信息簿"还出现在旅行者的个人博客上。当你点开一个人的博客，你会在屏幕上看到"更多信息"的标示，引导你点击相关链接。

这些链接大多没有恶意，喜欢就点开看看。为什么旅行者喜欢让别人看自己的游记呢？旅行者们把"旅行"当作自己创作的一件作品，当然希望得到他人的肯定。

由于网络环境恶化，或者希望获得其他角度的建议，有些人可能觉得网上的信息并不是自己想要的。这个时候就需要与同道中人交换信息。假如有人刚去过你正准备去的地方，可以向对方咨询最新的信息。

为了方便对方和自己联系，我向大家推荐一个小工具——名片。提前准备好名片，可以在酒店、网吧等地方打印自己制作的名片（即使用的是薄一点的纸也最好裁成名片大小，递给对方）。哪怕你们已经见过面了，最好还是把姓名、邮箱、简介，以及微信、微博、Line、Skype等你常用的社交网站的账号写上，效果才好。

推荐一款实用的 洗涤水桶

文 / 森知子

有件旅行用品我非常喜欢。几年前离婚时，我将自己的东西装进8个瓦楞纸箱，寄放在父母家，然后将随身用品装进55升的背包，当了一个没有家的旅行者。我背着这些东西随意逛，而在我的背包里，我最中意的一件东西便是洗涤用水桶，它轻便实用，一定要推荐给大家。

这个水桶的商品名是"5升装折叠桶"，是由日本HAIMAUNTO制造的，除了用于洗涤，它同时也是一款消防用品。它用透明塑料制成，折叠后非常薄，跟装A4纸的透明文件夹差不多，这是它的魅力之一。它的重量大概只有几克吧，说它和空气一样轻有点夸张，但它真的非常轻。它很实用，装上水后就能自己立起来，不会塌，这简直是天才一般的设计。

我在户外用品店发现它时，非常激动，恨不得把它抱起来，5升的规格很完美，我甚至猜想这个桶的发明者是一名背包客。

从买这个桶到现在，我使用"他"的频率非常高（感觉是在称呼自己的宠物"他"或"她"）。在没有洗涤间的狭小客房中，"他的好"格外明显。在水箱上水慢得急死人的卫生间里，"他"也能充分发挥作用。在塔吉克斯坦的首都杜尚别，我就碰到过这样的卫生间，当时我向酒店借水桶，被告知"没有"，我便用"他"手动冲水度过了两周。在德国柏林的公寓中，沐浴用的水管漏水，没法用，也因为有这个桶，我才能顺利地冲洗身体。冲阳台的泥沙，搞大扫除，用这个桶也很方便。

在买到这个桶之前，旅行时，我一直用服装店老板给我的塑料袋洗涤衣物。

将塑料袋放入洗涤槽，必须用手撑着，不然就装不了水。塑料袋没有站立功能，不能自己立着，很不方便，而塑料袋还很容易破。相比之下，这个桶就太好用了。

那段时间，我的运气极差，在南美遇到了一个钓鱼的日本背包客，这个背包客是个男人，他带着钓鱼专用的便携桶。桶是圆形的，直径大约为25英寸（约63厘米），高度应该有20英寸（约50厘米），但折叠成蛇腹状，就只有差不多3英寸（约7.6厘米）。我觉得很新奇，对方告诉我："这个桶可以自己立着，所以可以在沐浴时放在脚下装水，还可以用来洗衣物，放开手洗涤，很方便哟。"

哦！这个桶很厉害！可以放开手洗涤，完全和在家里用盆洗一样呀！

回国后，我曾去钓鱼用具店找过这种桶，确实有，但分量有些重，我只能叹一口气离开。那段时间，我一下班就到各种商店找水桶，现在回想起来还真有点搞笑呢。

当时完全没想到能找到如此完美的水桶，找到它时，我自己都吃惊，就好像看到桶中的水倒流一般的吃惊！

低档酒店的洗涤槽总是脏脏的，我可以把重要的物品放在这个桶中洗涤，而不是放在不干净的洗涤槽中。如果要洗涤的东西不多，一边洗澡就一边把衣物洗了，实在让人心满意足。如果旁边有谁再说一句："这个东西，不错呀！"我就更高兴了。我不是喜欢洗涤的人，但是还是被叫成"洗涤部长"。

好了！好了！你是不是也想买一个这样的水桶呢？我知道你很关心价格，这个桶很便宜，只要557日元（含税约35元人民币），在网上也能买到。

此外，我还有一个每天都用的秘密武器，就是硅胶茶杯，推荐做户外用品出名的 SEA TO SUMMIT 的产品，它家的硅胶杯容量大，是普通杯子的两倍。

硅胶制品虽然没有陶制品、玻璃制品那样硬，但是它能折叠成蛇腹状，非常薄，体积小，重量轻，和烧水用的便携式电热线圈配套使用，对喜欢喝茶的人来说，简直就是救命稻草一样的存在。而且这个茶杯折叠后还可以当成杯垫来使用，也可以将听装啤酒嵌入折好的茶杯的内侧圈中，让硅胶茶杯变成杯托（这样可以防止手的温度影响啤酒的温度），真的很实用。

旅行者在海外的身份证明和通行证

办理护照，从申请开始就要遵循一套严格的规定，必须在国内的护照中心按照流程一步一步办理。下面重点讲一讲与办护照有关的小窍门。之所以这么说，是因为在国内的时候没有发现护照有什么特别的作用，但到了海外，就感觉它变成了仅次于自己生命的、非常重要的身份证明。

护照究竟有多重要呢？在海外的一些地方，不随身携带护照是会被警察抓走的。

入境的时候会有专门的人负责检查护照，包括检查名字的拼写是否正确、有效期还剩多少天等。

关于名字的拼写，比如，是"yuusuke"还是"yusuke"，正式证件上的和信用卡上的必须一致。如果可能的话，最好在办理的时候就确认好。此外，护照的有效期如果少于半年会让你受到很多限制。所以在办

理签证出境时，最好确认护照的有效期在半年以上。

那么，这么重要的东西在海外应该如何保管呢？首先，在国外的酒店住宿，应该将护照锁进保险柜。但是，由于世界性的治安状况恶化（包括恐怖主义泛滥），各国的警戒级别越来越高，所以建议大家随身携带护照。

不用说，随身携带护照会有丢失、被偷被盗的危险，但是，除了小心保管之外没有别的办法。不管是什么原因，万一真的把护照弄丢了，那就只能按规定的手续重新办理。

◆ 实际需要签证的国家

国家名称	签证有关规定	护照剩余有效期
美国	需要申请B-2签证，该签证持有者可在美国停留的时间通常为180天，具体天数由海关人员酌情处理	要比计划在美停留时间至少长出6个月
澳大利亚	需要申请600访客签证。赴澳的600访客签证（旅游系列）根据不同情况，旅游签证可签发单次或多次入境签证，在澳停留期限为每次3个月、6个月或12个月。申请人可根据需要，申请相应的入境次数和停留时间。签证官则会根据申请人的个人情况，来决定是否同意给予相应的签证	
泰国	持有中国大陆护照的公民可在泰国各个入境处申请有效为15天的赴泰落地签证。旅游签须携带现金或等值外币20000泰铢/人，40000泰铢/户。落地签须携带现金或等值外币10000泰铢/人，20000泰铢/户。申请旅游签证可以在泰国单次停留不超过60天	有效期不低于6个月
日本	个人旅行签证或团体旅行签证，须由日本驻华大使馆及各领事馆指定的旅行社代办，机票和酒店也须由指定旅行社代订	有效期不低于6个月
英国	需要有英国签证。可在出发前3个月申请	有效期不低于6个月
欧洲（申根签证）	可申请有效期为3个月的申根签证，最好在行前购买旅行医疗保险	护照的有效期原则上需超过预计从申根区出境日期3个月以上，如需多次往返，护照有效期则需超过最后一次预计从申根区出境日期3个月以上（德国）
俄罗斯	1.在签证有效期届满日期后6个月内有效护照以及护照主页复印件（具有至少两个空白页）；2.一张白底彩色照片(2寸)；3.电子签证申请表（www.visa.kdmid.ru）；4.俄罗斯旅游公司规定格式的外国游客接待证明（原件）；5.有效往返机票/火车票；6.中国签证页复印件（第三国家公民）	有效期不低于6个月
巴西	签证申请须在预计日期前3个月递交。中国游客须在签证签发之日起90天内首次入境巴西，否则该签证将被视为失效	有效期不低于6个月

注：适用于中国籍旅行者

森 知子
Tomoko Mori

中亚签证的故事

签证、签证、签证……2012年，我从中国出发向西、再向西，沿丝绸之路旅行。在穿越中亚的大约三个月里，念了多少次"签证"这个词呀……那真是一段疲于办理签证的日子。

2012年5月，我从中国进入吉尔吉斯斯坦，这个国家不需要签证。但是，这之后我所经过的哈萨克斯坦、塔吉克斯坦、乌兹别克斯坦、土库曼斯坦以及跨过里海进入的阿塞拜疆等国需要提前办理旅游签证。

"我明天去哈萨克斯坦大使馆，一起去吗？"

"我今天去了乌兹别克斯坦大使馆，被撵回来了。"

"阿塞拜疆签证也可以在杜尚别办理哟。"

在吉尔吉斯斯坦的首都比什凯克的樱花旅馆，我每天都在说这样的话，睁眼闭眼，满脑子都是签证。

办理签证，首先要准备的必需品是美元现金和申请文件。办理乌兹别克斯坦签证还必须自己下载申请书，填写事项，然后打印。另外，申请签证和领取签证都必须提前打电话预约，而打电话只能用俄语，否则就不受理。这算怎么回事呀？

万幸的是，樱花旅馆那位亲切的老板娘（一位日语流利的吉尔吉斯斯坦人）帮我打了电话。在规定的取签证的日子，她又帮我打了电话。但大使馆却一次又一次地延期，告诉我"还没办好"，老板娘还帮我打了好几次电话询问。

"在吉尔吉斯斯坦玩2～3周的话，就到酷暑期了，我想在这之前进入乌兹别克斯坦。"

我只能想象签证到手的时间，真的能按计划旅行吗？在办理乌兹别克斯坦签证时，我比别人多等了很多天，在吉尔吉斯斯坦滞留的时间因此延长。同一天申请的有好几个人，大家拿到签证的日子却不一样，这只能说是运气有好有坏了。签证运气很差的我在办理阿塞拜疆签证时也为难得不行，即使对大使馆的人表示强烈抗议也没有结果。

"我听说5天就能办好才申请的。现在都过去10天了，怎么还没有办好？再也等不了了！"

我垂头丧气地进入塔吉克斯坦时，塔吉克斯坦的签证已经过去两周了。我在塔吉克斯坦办理土库曼斯坦的签证，并想在这里再挑战一下阿塞拜疆签证，那么需要延长目前所在的塔吉克斯坦的签证吗？为了办理签证而延长签证……真跟个傻子似的。

"到此为止吧。真的想去土库曼斯坦和阿塞拜疆吗？"

我开始自言自语，每天能干点什么就干点什么。在气温高达40℃的杜尚别（塔吉克斯坦首都），我每天都拿着护照和地图去坐巴士、坐电车前往大使馆，得到的答复总是等待。

我只好在杜尚别瞎溜达，等拿到签证进入乌兹别克斯坦时，有效期只剩下7天。花了几十美元换来的有效期30天的签证呀，到手只能用7天！我只能对自己糟糕的计划一笑了之。好在朋友说"没关系。在酷暑中的乌兹别克斯坦待7天足够了"，让我有点欣慰。那么乌兹别克斯坦真的待7天就够了吗？

因为要等签证，旅行者们只能在樱花旅馆多住些日子，大家因此成了好朋友。在申请签证到拿到签证之间的日子里，大家一起去爬山、去湖里游泳……生活很简单，大家都有共同的话题——签证。现在回想起来，这和普通的旅行多少有些不一样，很有意思并深深地印在我的心里。这就是我在中亚申请签证并和大家合住的记忆。该死的签证！

TRAVELER'S MEMORY

背包客需要提前 了解的海外旅行保险

文 / 向井通浩

作为一个背包客，我常常听人说，办海外保险的话，"如果是短期旅行，信用卡附带的保险就足够了。即使是长期旅行，额外花钱买保险也有一点傻。"其实，我们买保险不仅仅是为了自己。只要你想当一名长期旅行的背包客，就需要掌握海外旅行保险的相关知识和办理技巧。不应该把海外旅行保险看成按需购买的保障。

出发之前，有的背包客会感叹："太贵啦！有这么多钱都可以去印度玩好几个月了！"有的背包客会想"我一不去危险的地方，二不吃奇怪的食物，三不让行李离身，四将贵重物品随身携带。不买应该也没事，保险那么贵，浪费钱……"

结果，不是什么保险都没买，就是只买了前三个月的保险。我的观点是，一定要避免这种想法，千万不要踏上无保险的背包客之旅。提到保险，

长期旅行的人在回国后都会说"一定要提前购买海外保险。"但是，却很少有人告诉你，海外保险的"黑匣子"里究竟装着什么。

在海外旅行中遇险，急救人员、救护队员都会要求你出示海外旅行保险的购买证明，所以一定要随身携带一份保险复印件。在中国、韩国，因紧急情况（急诊）住院、手术，需要交付高额的押金，不交就没法接受治疗。如果你有海外旅行保险，就会发现它的无现金支付功能非常有用。而信用卡附带的保险就不是这样，几乎都需要你先行支付，回国后再申请，把钱还给你。

这些细则都写在"合同条款"中，但很少有人认真阅读。

具体买什么保险请到各大旅行社和网站详细咨询，他们会给出专业的解答。

保证在海外也能使用数字设备

以前出门旅行的人，几个月没有音信。如今，人们可以在 Twitter、Facebook、微信、微博之类的社交网络上发布"现在到了"的消息并配上照片，有些社交网络还会将你所在的地点附在你发布的照片上。

当今的通信设备非常发达，手机、笔记本电脑、平板电脑等电子设备携带起来都很方便，这是从前的旅行者想象不到的。

我本想介绍几款最新产品，但技术世界的发展速度快得惊人，清单式的介绍意义也不大，所以我想还是讲一讲所有数字设备的共通问题——充电吧。

中国电器使用的电压和海外的不一样，因此必须携带变压器，这时就要注意转接器的规格。比如，笔记本电脑大多适用于 100 伏 ~240 伏，中国国内的电压为 220 伏。此外，有些电器在设计时就考虑到在海外使用的情况，大家购买的时候留心一下，带 AC 转接器的电器，会有标记。

除了要注意电压的问题，到国外旅行，还要注意目的地所使用的插头的形状，不同地区的人用的插头，形状可能不同。世界上的插头有 A、B、C、D、E 等好几种形状。各种形状的差别主要在于插头的脚的数量和形状。有些插头型号不同，但看起来很像，小心别搞错了。特别是 B 型和 C 型，它们的差别仅是插头的脚的粗细，只相差 1 毫米。在尼泊尔等地，这两种插头同时出售，要格外留心。

数字设备和旅行已经密不可分，只有掌握充分的知识，才能给旅行提供强有力的支持。

如何选择旅行用相机

文 / 中島侑子

当初因为要周游世界，我购买了一部单反相机，还不知道使用方法就出发了。如今，我已经非常喜欢摄影，还举办了摄影展。我的人生已经不能没有相机了。

相机有很多种，容易挑花眼。之前周游世界时，我带的是佳能的 EOS Kiss X2 以及 SONY 的小型卡片机、佳能的小型卡片机和防水箱。结果，EOS Kiss X2 在那不勒斯被骑车抢劫的强盗抢走了，SONY 的小型卡片机遗落在摩洛哥的巴士座位上，佳能的小型卡片机及防水箱被我弄坏了……再后来，我外出旅行，带的是佳能的 EOS Kiss X4、奥林巴斯的防水小型卡片机。

周游世界三年后，我得出了结论：单反相机、高性能小型卡片机和防水相机组合使用是最好的。首选是单反相机，一旦用过，就很难再回过头用小型卡片机。用单反相机拍照是件快乐的事，它的画质也更好，就是太重，太引人注目！在旅行中，单反的不足之处就是这两点。不是所有国家都有良好的治安。在很多国家，你拿出单反相机的一瞬间，就会感到周围投来的刺一样让人痛的目光，还可能招来强盗。因此，有时我会特意收起单反相机，或者拍完照后立刻收好。另外，在夜间拿着单反相机走，非常不方便，这时就显出卡片机的重要了。卡片机的好处在于重量轻且不显眼，考虑到它的画质和单反的差了一大截。我建议尽量选择高性能的卡片机。

是否带防水相机，各人有各人的看法。如果计划参加进入伊瓜苏瀑布的瀑布潭之旅，或是在伊维萨岛参加水上聚会的话，就需要带上防水相机。如果能搭配潜水用相机盒就更方便了。这样，潜水时能照相，游玩时也能。我旅行的那段时间，Go Pro 相机正流行，它又小又有防水盒，能用于潜水，非常方便。

再推荐一款单反相机镜头——我只用了一个 TAMRON 的 18~270 毫米镜头。这是一款超级变焦的镜头，在非洲野生动物园拍摄远处的动物呀，悄悄地躲着拍当地各民族的人呀，都很棒，它可是我的一件宝贝。

当然，它和单焦点高级镜头的画质还有差距，但后者价格较高、较重，购买镜头时也要考虑自己的财力和相机的重量。

旅行资金

旅行者每天花多少钱

　　旅行和资金的多少关系密切，不用说，钱才是旅行的生命线。

　　若不幸连护照带钱都被人偷走，在重新拿到护照的几天里，想从大使馆那里得到照顾是不可能的。而且在旅途中也听说过，有人在国境线上（据说不交钱就不让通过）因为拒绝行贿而被关押数日。

　　遇到麻烦需要花钱就不用说了。如果钱不够，旅途的乐趣也会减少，相反，如果资金宽裕，旅途也会更快乐。这么说应该是正确的吧。穷游的人不得不尽量节约经费，说快乐也快乐，但如果自由支配的钱够多，那又有有钱的快乐。

　　作为一个背包客，在亚洲旅行，如果是在发展中国家，考虑到当地的物价，再加上机票钱，一个月大约需要花1万～3万元人民币。至于每天花多少钱，因人而异。如果是在欧美等发达国家和地区旅行，那当地的物价可就高了，差不多是亚洲发展中国家的两倍。但自由行、跟团游等一周以内的短期旅游，一天花600元人民币、800元人民币，都是可能的，因为没有住酒店的费用，这么多钱就够了。

　　揣着所有现金到处走，值得商榷。我认为，最好的办法是根据自己的实际情况、资金的安全性和兑换货币的方便度，对现金、旅行支票、信用卡做一个组合。只带现金旅行，风险太大了。

旅行省钱的诀窍

在省钱这件事上，旅行者各有各的妙招。最普遍的，就是像当地人那样生活。不用绝食，不用徒步，每天只花不到 70 元人民币的人不在少数。想想发展中国家人们的生活水平，可以接受吧？

如果能充分利用巴士、厨房，能节约很多钱。入乡随俗，会让你的旅行更有趣。

别忘了回国时还需要用钱。曾经有人从机场打电话找我借从机场到自己家的交通费。而且，如果你长期待在国外，不要忘了，回国后还有房租、水电费要缴。所以，不能只考虑海外旅行的费用，不能把所有的钱都花在旅行上。

◆ **旅行者日平均花费**

● 亚洲

东南亚	约 120 元人民币
印度、黎巴嫩	约 60 元人民币
中东－土耳其	90 ~ 120 元人民币

● 美洲大陆

北美	约 302 元人民币
中美	120 ~ 180 元人民币

● 欧洲

东欧	约 180 元人民币
西欧	240 ~ 360 元人民币

● 澳洲

澳大利亚	约 302 元人民币
新西兰	约 302 元人民币

● 非洲 60 ~ 120 元人民币

＊根据部分旅行者的报价推算的一个平均值
＊住宿费另计（旅行类型不同，住宿设施和条件也不同）
＊非洲的数据不包括南非
＊如果需要导游，费用会大大增加

◆ **货币兑换特点表**

项目	变现率	危险	其他
旅行支票（T/C）	△	◎	手续费高，但是可以再申请，安全性也高
借记卡	○	○	海外旅行的话，手续费比信用卡高
信用卡	△	○	若信用卡有取现功能，可以从信用卡公司借现金，但要交利息
国际ATM卡	△	○	比借记卡、信用卡的手续费高，能在银行窗口直接取钱，可以放心

根据气候决定旅行时的穿着

准备行李是旅行准备工作中最重要的。首先，要根据旅行的方式选择包的类型。在行李中，衣物占据了大部分，需要根据目的地的气候准备，同时，也不能忽略本国的气候，一定要提前考虑好机场和家之间这段路穿什么。

如果本国正值秋冬，你要去的地方是盛夏，最好带一件薄夹克。但一些衣物，可能到当地买更好，比如，内衣和 T 恤，有时当地卖的更便宜，如果想减轻行李重量，不想带回来，随便往哪儿一扔也不会心疼。同样的，有的鞋子也可以到当地再买（很多人出门时都会忘记带鞋子），比如，去东南亚旅游，就可以在当地买凉拖，而不用带着凉拖去。

当然这种策略最适合一周左右的短期旅行。如果要进行几个月的长期旅行，考虑到衣物的换洗，需要各带2~3 件。

还有就是，很多人没想到，隐形眼镜竟然会占很大空间。由于旅途中未必能买到适合自己的隐形眼镜，所以有人会按照外出旅行的天数带上足够多的日抛型隐形眼镜，也有人不想带那么多，于是准备了框架眼镜，出去后交替使用隐形眼镜和框架眼镜。

为什么要重视行李的准备呢？因为航空公司对行李的重量有限制。

办理行李托运的话，自然不用顾虑行李重量，但是不少背包客害怕行李丢失，并因此拒绝行李托运，只能将行李直接带入客舱。随身行李的重量上限在 7~12 千克，为了避免在机场手忙脚乱，需在出发前称一下行李的重量，有必要多准备一个包。

◆ 必带的物品和行李

护照	检查剩余有效期，可能的话复印一份备用
机票	电子票需提前打印好
旅行经费	现金、旅行支票、信用卡、国际现金提取卡等（根据用途）组合使用

现金	从家到机场之间的交通费
里程卡	使用里程积分的人必备
海外旅行伤害保险证	除了保险证之外，联系人和医院的名单也最好带上
链子锁	不仅背包客要带，也推荐其他旅行者带
内衣、T恤类	根据外出天数而定，如果是长期旅行，要带够换洗的
备用上衣	防寒用的薄夹克之类，以防万一
帽子	去日照强烈的地区必备
抛弃型隐形眼镜	根据外出天数带够就行，最好带上框架眼镜
密封袋	除了带液体上飞机会用到外，还有很多用处，带上的好
挖耳勺和棉棒	准备大小合适的
生理用品	到当地基本都能买到，可少量携带
笔	填写入境卡时要用到笔，所以要准备好
电子设备	笔记本电脑、数码相机所用的存储卡也别忘了
电源转换器	带有两种配件的组合式，全世界的电源插座都适用
手机	为方便在当地使用，要选择多制式的手机或智能手机

◣ 男性旅行者推崇的"玻利帕"是什么 ◢

　　很长时间，在男性旅行者之间流行一种非洲风格的带念珠的编发。留这种发型，在和流氓无赖对抗时，威严感十足。但另一方面，正如大家看到的，它会让人又热又脏又臭。用不了几天，旅行者便会自动放弃它。

　　近年颇具人气的发型，当属玻利维亚首都拉巴斯大街上做的"电烫波浪"，即玻利帕（因为是玻利维亚的发型Pama，所以简称玻利帕）。其特点是不论按照什么标准来做，价格都很便宜！有一点需要说明，这种发型是用日本没有的、很细的发棒卷出来的。安第斯山国家卷卷的发型居然这么受大家追捧，如果你想挑战一下，别忘了让人用大一点的卷发棒来做。

旅行者的货币兑换

文 / 河本 BOARA

曾有旅行者对我说："我带了 200 万日元现金在身上，半路被人偷了 120 万日元。"如今随着国际现金提取卡、信用卡以及其他可以在当地取款机上取当地货币的银行卡出现，使用旅行支票的人越来越少了。近年来，ATM 的普及明显增加。

然而，在 ATM 机稀少的地方（如果机器再发生故障，就更是雪上加霜了），或者在一些没有设置美系服务的地方，就只能用现金了。所以，无法确定新环境情况的话，就要根据停留的天数准备足够多的现金。

此外，还有很多问题要考虑，比如，是在国内提前换好现金，还是到当地再换，是开哪种货币的旅行支票。而办理银行卡，也有很多问题要考虑。即使将 ATM 机的手续费抛在一边不谈，汇率的附加费、发卡公司的提取手续费（有些卡还会就透支部分收取利息）……需要把这些费用全部加在一起，再看哪种卡最划算。实际上，信用卡的透支也有最长两个月的免息期，平均到每一天来看是相当低的。在发卡公司不提取手续费的情况下，利息为年利 15% 左右，货币的兑换成本最低。而采用信用卡支付，则不需要支付利息，如果汇率的手续费低于 2%，再加上给予的点也划算。不过，有时会发生让顾客负担本该由商家负担的银行卡加盟店手续费的情况，这么一来就不如从 ATM 机取款支付划算。

由于没有费用为 4% 的、划算的国际现金提取卡，用种类繁多的国际借记卡是明智的。因为可以从储蓄账户实时转账，没有通过信用卡审查的人也能收到钱。除了一部分，汇率的附加费也只有 3%。由于发卡公司对信用卡收取公司自己的提取手续费的情况越来越多，也许现在我们已经进入了国际借记卡时代。其中具体、详细的信息过于庞大，请参考各银行官网的相关资料，里面对各种卡的货币兑换成本都有详细总结。随着更安全、划算的银行卡的普及，货币兑换会更加便利。

男人和女人在准备
行李上是如此不同

文 / 山田静

各位先生，如果有机会，请看看女士的背包或行李箱吧。那里有一个你们无法想象的、宽广的世界。

生理用品和化妆品

生理用品占的空间让人惊叹。如果不是准备行李，你都不知道这些白色物品的体积有多大。

护垫和卫生巾确实非常占空间。虽说长途旅行应该精简行李，但考虑到目的地未必能有自己常用的、品质好的产品，便想尽可能地把它们都带上。欧美的护垫尺寸大，所以还是自己带吧；布质的卫生巾可重复使用，比一次性的省空间，但是在夜行巴士上怎么办呢？有洗和晾的地方吗？这真让人担心；如果在乡村商店，对男店员说"请给我拿卫生巾"，他会拿对吗？这也让人担心。初次长期旅行，带上一大堆卫生用品真麻烦。我碰到的一位女性，为了为期半年的旅行，45升的背包中有一半都是卫生巾。

护肤品、化妆品也是，虽然体积大但必须带。美白是生命的中心。女人嘛，防晒就不用说了，美白化妆水、纸巾包、酵素饮品、维生素等，各种各样的东西都要带。甚至化妆品、粉饼、假睫毛、眼影、唇膏等全部都要带上，以备万一。洗发香波、护发素、发油等洗护发产品也不用说要挑自己喜欢的带上。不少人连吹风机也带。女人用各种各样的、大大小小的袋子对这些东西进行分类。所以，打开女人的包，看到的全都是谜一样的大袋子、小袋子，里面大多是这类小东西。

旅途中怎么穿

"不想被看成旅行者——穿在国内时穿的衣服""想要好好体会当地的氛围——穿当地的服装"女性的旅

行着装大致有这两种。

前者的着装大致差不多（稍微活泼一些），在一些地方可能有点显眼，容易受到流氓的骚扰。不过也正是因为显眼，有时候也不容易被坏人盯上，因为容易被当成外国人而受到保护。

后者的服装可以在国内一些专门出售外国服装的地方一站式购齐。习惯准备充分的人会在国内提前买好"目的地风格"的服装，以便去逛当地价格便宜的杂货店。心血来潮想化妆的

时候，也可以去类似的精品店或者民族服装店买几件，不用买太贵的，做工精良的衣服固然好，但价格也会比当地的贵几倍，就算穿着去旅行，到目的地后，不出三天也就脏了，看起来和便宜货没什么两样。

一眼就能看出来的相机女

脖子上挂着一部单反相机或者傻瓜相机的相机女仿佛一直在说"我是目标"。

向女性推荐的旅行着装小知识

* 如果对自己的外表很在意，可以选择容易保持的卷发或直发。

* 染色真的……长期旅行的话，旅行到一半，颜色就开始褪了。

* 内衣推荐速干的、体积小的。优衣库、无印良品出售的拉链密封袋可以用来放小东西，带上它们比较方便。

* 生理用品嘛，质量姑且不论，世界上到处都有。只不过在伊斯兰国家或乡村地区不好找，去这些地方前要在大城市买好。

* 即使是长期旅行，你带的上衣也只需要 3 件 T 恤、1~2 件衬衫、2 件打底衫。此外，我建议再带上长裙，乘坐长途巴士的时候穿长裙比穿短裤舒服，它能帮你隐藏身体曲线，让你在野外方便时更安心。如果设计得再可爱一点，出去玩的时候也能用上。但你不需要带太休闲风格的长裙，因为大多情况下目的地会有很多又便宜又好看的。大尺寸的长围巾、头巾也必须带，空调太冷时长围巾和头巾可代替被单，它们同时也是很好的装饰品。
目的地也会有长围巾和头巾卖。

* 没有过分突出身体曲线的服装是自我保护的必需品。将身体包得紧紧的牛仔服、胸口敞开的低领背心，在印度以及信仰伊斯兰教的地区都不受欢迎。

在国外才能感受到的"语言壁垒"

009

只要有中学程度的英语就能去旅行。会讲多种语言当然好，但如果不是瑞士人，谁要是会三国语言就奇怪了。一个人的时间和能力都有限，很难一下子全部都学会。

在飞机上，你需要说的无非是机内餐吃鸡肉还是牛肉，付费时如果用的是大额钞票，你掌握的外语能帮你找零钱就够了。

如果你只住本国人开的旅店，那么只要会讲母语就能去旅行。通常服务员、观光地的人很多会英语，但是在讲西班牙语、阿拉伯语、波斯语、俄语、葡萄牙语的地区，英语往往行不通，你需要记住当地语言的"你好""多少钱""谢谢"以及数字1～10等基本单词，万一这些不够用，还可以通过手势、身体语言、笔和本子来沟通。

此外，你还可以带上有多国语言的"旅行指南会话本"，必要的时候翻给对方看，对方就能明白，非常方便。如果喜欢某个地方，想继续住下去，也可以就在当地认真地学习当地语言（前提是已经掌握了一定程度的英语，因为这种情况下，老师们大多是用英语讲课）。危地马拉有收费便宜的西班牙语学校，也有其他语言的学校。学习的途径很多，语言学习教材、内置各国语言卡的电子词典、广播中的语言学习节目，手机或 iPad 上的语言学习类 APP，利用它们在车上学习也不错。只学习自己想深入了解的国家的语言就可以了，没机会用到的语言，胡乱学了也是徒劳。

有的语言（使用人口数量少的语言）是没法通过教材来学习的，因为没有这方面的教材卖。不管学习什么语言，都需要花时间。首先要确定想学到什么程度，要清楚自己是想去某个特定的地方，还是想全世界去看看。根据目标，参考能支配的时间，做足准备再出国吧。

语言迷你讲座　1

对那些害怕语言障碍的人说的话

将需要记下来、方便出门的词总结一下。在出国之前查一查、背一背就 OK。

（1）谢谢

这个必须会。在国内时，遇到外国人向你表示感谢，你会不会很高兴呀？

（2）厕所

以便在内急时，不用像我这样用姿势来表达。

（3）数字 1~10

至少会说 10 以内的数字。

（4）好

至少会说一句夸奖的话，与人交流时会方便很多。

（5）可爱

估计全世界都找不到听到这句话不高兴的女人吧。

（6）混蛋等坏话

当地人会想"怎么连这个词都知道？"可能会意外地和对方交流起这个话题呢，使用时要十分小心。

此外，问"多少钱"有多种方式，你会发现，有的单词有着咒语一般的魔力，在未来的旅行中，你一定会有学习这些咒语的大好机会，所以不要太执着于掌握某一个词，可以灵活一些，到当地探索当地的"咒语"，享受其中的乐趣。

语言迷你讲座　2

你的英语比你预想的要好

英语在今天堪称通用语，会说英语的人旅行起来肯定比不会说得更方便。懂英语的人遇到事情，处理起来会顺利得多。

实际上，我们多多少少会讲一些英语。现在的年轻人，大部分都接受过一定的英语教育，初中、高中都有英语课，一些幼儿园、小学也开设了英语课。我是在高中时出国留学的，当时我的英语水平也就是初中毕业生的水平。刚开始留学生涯时，尽管由于没有在当地学习的经验，单词量不如当地的学生，但进行基本的会话还是可以的。

全世界孩子的单词量都很少，这不妨碍他们能理解父母的话、会说当地语言。

例如西班牙的儿童会说西班牙语、中国幼儿园小朋友会说中文。

不用说，孩子的单词量肯定不够，他们还是会说个不停。中国人会用英语数数，知道"书"是"book"、"给"

是"give"，就日常对话来说，掌握的单词量是够的。重要的是怎么样把单词组织成句子。

语言迷你讲座 3

新的"咒语"

如今，我想再去一次的地方是南美。

南美洲大部分国家属于西班牙语圈，在很多国家，讲英语是行不通的，就连"One""Two""Three"这样简单的单词，当地人都未必能理解。有一次我突然想上厕所，说了一串表示厕所的单词"Restroom""Toilet""Bathroom""Washroom"对方都听不懂。实在没办法了，我在大家面前做了上厕所的动作。大家一边异口同声地说"噢！把尼哦（Baño）！"一边做出都明白了的样子，其中一个人说"阿皮！"，为我指了厕所的方向。

"古拉西阿斯（谢谢）！"我边道谢边向他指的方向猛冲，心里十分高兴，大概"把尼哦（Baño）"就是厕所，"阿皮（Aquí）"就是"那边"的意思吧。我学到了两个"咒语"。

从那天开始，每天我都会学到几个西班牙语词语。英语行不通，就不能再依赖英语了。每当词语管用的时候，我心里的喜悦都无法形容，哪怕只听懂一个词，也是和当地人的深度接触。

在有语言壁垒的国家，即使一定会因语言不通而困惑，也非常有意思。我是非常推荐大家到这类地区旅行的。

旅行和留学，选择哪一个

文 / 内田洋介

因为旅行对语言学习产生兴趣，难免会做出留学的决定。打工度假（Work Holiday）也不错吧。长期待在某个国家，学习当地语言并在当地深度游，光是想想就令人兴奋。但是冷静下来，学生的假期最长的也只有两个月，上班族的假期就更短，而作为旅行者，只要有时间就想多走几个地方。那么，旅行和留学，选哪个好呢？我熟悉的进行过海外旅行的人语言能力千差万别，有完全不会当地语言的，有只会用当地语言打招呼的，有会最基本的会话的，还有说一口流利外语的归国子女等。就旅行这件事而言，不管哪种情况，他们有个共识，语言学习并不重要。学不好外语的人，有不用说外语的快乐玩法。

但是，如果逐渐习惯出去旅行，就要认真考虑留学这件事了。

要确定去哪里留学，首先要清楚学什么语言。学英语的话，美国就不用说了，加拿大、英国以及最近因收费便宜而受大家欢迎的菲律宾都不错。学西班牙语并非只能去西班牙学。如果把价格当成重要的参考因素，中美洲的危地马拉也不错。

如果你是那种纯粹凭着好奇心旅行的人，那么就要更多地考虑当地的文化、周边的旅游景点了。想了解太阳神文化，就学意大利语。如果想去南美各国感受雄壮的大自然，同时学习西班牙语也是不错的。要是在海外还能边学习边挣钱，就太好了，

我推荐澳大利亚、新西兰，北欧的挪威、丹麦也不错，旅行者可以在诸如咖啡店、土特产店、旅游公司找到工作，或者去农场里摘棉花，等等。就算你此前很难理解各式各样的小费文化，此时也能把小费当成别人对你表示感谢的奖金，而欣然接受。

但是，无论是留学，还是打工度假都还有几个问题要解决。首先是费用。如果到发达国家留学，进语言学校需要数十万日元，再加上住宿或者寄宿在当地人家里的费用，这些钱加起来恐怕都够周游世界一圈了。菲律宾、危地马拉这样的地方，因为是发展中国家，留学费用低，但留学者和代理机构发生矛盾的事我可没少听说。适合打工度假的地方，往往也聚集着从世界各国而来的人，找工作不容易，如果滞留久了，费用也会增加。而且要学好语言，就要尽量待长一点，几个月，或者半年，甚至一年都可能不够。

总结起来，选择旅行还是留学，可以说各有利弊，而不是谁优谁劣。如果会说外语，旅行起来也许会更有趣。但反之却并不亦然。也有人喜欢投身于未知的世界，想去冒险。其实，从你降落在异国机场的那一瞬间开始，作为外国人的你，到底是把这次远行当成大冒险，还是一生一遇的奇迹，你选择哪一个，哪一个就是正确的选择。

学会用英语
流利的对话之前

文 / KOJIMA SATOKO

"梅埃康明？"我3岁开始学英语，常常一念这个"咒语"，老师就把门打开。

老师说第二周会有叫"外国人"的人来英语会话教室，到底是谁呢？我心里扑通扑通的，我问姐姐，她这样回答我："外国人呀，屁股上长着眼睛、长着嘴，这嘴会把人吃掉！"听到大我6岁的姐姐这么说，我哭了。

一周后我就会被吃掉吗？好可怕呀！已经这样了，为什么大家还笑呢？

"梅埃康明？"

我像往常一样，不，用小得几乎听不到的声音说出了咒语。我以为因为声音比平时小，门就不会打开，若真是这样，就太好了。但是，即便用如此小的声音念，"咒语"还是起了作用。门开了，一个蓝眼睛、金发、非常非常大的……可怕的……怪物！

"Hello！ How are you?"

这个怪物懂"咒语"？我提心吊胆地答：

"I'm fine！ And you？"

"Good！ I'm fine too！"

平时，我对老师使用的"咒语"，这个怪物也会！我无法确定这个怪物的屁股上有没有长眼睛，但是他好像不想吃我，然后呢，我的"咒语"也还管用，我很高兴！

这是记忆里我第一次和外国人接触的情景。当时的我明白所谓咒语就是英语会话，却不理解英语会话是什么。只知道和游戏一样，不管怎样，一说咒语，门就会开，就会有人给我反馈。

我和英语的约会

进入中学后，英语成了必修科目。

ABC……的写法和读法，我在英语会话室都学过了，读也好写也好，绰绰有余。随着课程的推进，我的学习内容中，出现了英语文章。

"好！跟着老师……可以进你的房间吗？May I come in your room？念！"

"May I come in...啊！！！"

当时的我感受到强烈的刺激！是"梅埃康明"，我从3岁开始、每周糊里糊涂地说一次的那个"咒语"！能打开门的那个"咒语"！不是吗？！

我3岁就学英语，至今差不多有10年了，今天才第一次知道"梅埃康明"就may、I、come和in的组合。从那个时候开始，我感受到英语学习的乐趣，"咒语"变成了语言。这也让我觉得非常新鲜。

打破语言壁垒的战斗

从此以后，我对英语产生了兴趣，并为此打算到国外去读高中。从高二开始，我作为交换生到澳大利亚上高中，一直读到高中毕业。

什么呀，会说英语的人还说英语壁垒，这是怎么回事呢？等一等，听我继续说。

到澳大利亚的当天，寄宿家庭的人来接我，他对我说的话，我一个字也没听懂。

我原来以为自己英语不错，说到底是因为英语老师和之前接触的外国人都说得特别慢，说的都是容易听懂的。

是因为有口音吗？听不懂的比预想的多一万倍。由于我一听到有人叫我名字就会回答"yes"，所以很快我被称为"yes先生"。

于是，我又开始记"咒语"，快速地记"咒语"，再从大脑里将"咒语"删除。一个外国人独自生活在完全不懂母语的人中间，会逼着自己学英语。我每天数日子，还有364天，还有363天……就能回国了……刚到澳大利亚的那段时间简直是地狱。

过了一、两周，我习惯了周围人都说英语的环境，又经过了两周，情况突然有了变化。我和平常一样，和几个关系好的人，准确地说是主动向我示好的几个人，一起在校园吃午餐。往常他们讲笑话时，他们笑，我不笑。但那天，我突然笑了。

不是刻意的笑，而是自然而然地笑了，我没费任何力气就理解了他们的笑话，很容易地就笑了。我是个懒人，在澳大利亚时并没有特意地坐下来学英语，只是通过手势、画画等和别人进行交流，只是在生活而已，就这样在澳大利亚的第三个月，我也能自由地说英语了，到第四个月，在梦里说话也是用英语了。语言的壁垒逐渐变薄，到最后完全消失。不管跟谁学，婴儿都会在不知道什么时候学会说话。这两者的道理是一样的。

不会英语，
也能去旅行吗

文／二宫信平

　　最近，常常听到人说"因为不会英语，所以不能一个人出去旅行""为了旅行，要出国留学，学习英语"。我以前对说英语也没有自信，也为了旅行而学习过英语。下面，我讲一讲我的经验。

　　我曾经做过决定，大学毕业后到29岁之间的这几年以旅行为主，享受自由。那时，我认为，为了旅行，我需要学好英语，于是我先去澳大利亚打工旅行，生活愉快，还有钱挣，我很满足。但是，由于时间不充裕，挣的钱也有限，我觉得仅仅为了旅行而学英语有点浪费。如果有一年的自由时间，想去的地方又很多，那么旅行和学习各占半年怎么样呢？根据我的经验，如果又有时间又有钱，不如一开始就去旅行。会英语，旅行确实会更顺利，遇到困难也不容易慌。如果旅行结束后还要用到英语，比如，需要到国外工作，最好能认真地学一学英语。如果没什么英语知识就出去旅

行，旅行倒是能帮你掌握流利的英语会话，但同时，你也难免染上一些不好的语法习惯。像我前面说的那样，我为了学好英语去旅行，曾到国外打工旅行，那时掌握的英语到现在还在工作中发挥作用。我的工作需要我用英语向世界各地的人发邮件，对语法的要求比较高。我在旅行时还认真地学了西班牙语、韩语，现在也会用到。语言学习，没有过不去的火焰山，只是因为时间和金钱的限制，需要在旅行和学英语之间找到平衡。我觉得专门花时间学语言是一种浪费，很多英语不好的人照样到国外旅行。

　　我自己就是这样，和在澳大利亚时相比，旅行时我的英语进步更大。在澳大利亚，虽说也在学英语，但上课几乎完全是听老师讲。买东西时，不能和售货员说多少话；出去玩时，以我当时的英语会话水平，还不能和当地人多说什么。

　　一个人出去旅行会怎样呢？必须

自己推进一切，住店、吃饭、购票、参加旅行团，基本上都要用英语。此外，和同住一个旅店的外国人、同报一个旅游团的外国人的交流也基本上要用英语。用英语会话的时候比在澳大利亚时多得多。所以，我的英语会话能力真的是在旅行中提高的。不要总把自己关在屋里，要摆出积极的姿态，比如，和

外国人出去喝酒，这非常重要。刚开始可能不好意思，习惯之后，不仅英语水平提高了，性格也发生了一定的变化，受外国人感染，更自信、更积极主动了。我出国之前不是积极主动的人，经过不断的努力才一点一点地变成现在的样子。

不会英语也能去旅行，这也是事实。背着一个大背包，走进一家旅馆，在前台说一句"哈罗！"对方就知道你是来住店的。用不着说话，只需要看一眼，就能了解眼前的情况，来住店的旅行者和旅店的前台服务员就是有这样的默契。之后会发生什么，双方都很清楚，不用"英语会话"，只要"简单的英语单词"就能对话。

吃饭呢？去餐厅里一坐或者在小摊前做出很想吃的样子，对方就一定

会明白你想吃东西。对方也是做买卖的，也能应对这样的情况。问价钱时，可以按计算器或者把想问的写在纸上。然后呢，在餐厅点菜，可能看不懂菜单，这个时候指指邻桌人的饭菜，服务员也能明白。我走丝绸之路时，英语派不上用场，所有的菜单我都看不懂，我便一边说"那个"一边指邻桌的饭菜，很轻松地搞定吃饭问题。

其实，最重要的是，即使不会英语，也能想出沟通的办法。当时的氛围，你所在的立场，你的手势……都能帮助你和对方明白彼此的意思。世界通用的语言不是英语，而是手势。

当然了，会英语的人更容易结交海外朋友，收集到的信息量也会多一些。英语能给旅行提供更好的机会，所以我还是建议大家学一学英语！

TRAVELER'S MEMORY

007

我在菲律宾留学学英语

文 / RARI 遠田

"我想在有生之年学会英语……"

这么想着，我走进新宿的一家书店，在摆放英语学习用书的一角，看到了这样一本书。书的名字是《超级便宜的菲律宾英语留学》，副标题是"一个月 10 万日元的惊爆价"。我被它吸引了，马上买来看看。发现书里写了很多很多有趣的事情。简单的归纳起来就是，现在有很多人去菲律宾学英语，为什么不去美国而去菲律宾呢？起决定作用的是菲律宾的物价，菲律宾的物价特别低，留学费当然也很低。

此外，美国的语言学校大多采取一个老师带好几个学生的集体授课方式，而菲律宾则以一个老师带一个学生的一对一授课为主。每天 4 ~ 6 小时的一对一课程，加上食宿费，去菲律宾的留学费用在 10 万 ~ 15 万日元（6000~9000 元人民币），这个价钱在以学语言为目的的留学中是破天荒的低价了。

我得去！自由撰稿人有自由安排时间的便利，为了提高自己的英语水平，本来想去 1~3 个月的，因为已经有工作安排的缘故，我先预订了两周。

网上的信息说"第一次去的，建议先找日本人开办的学校。"在菲律宾有日本人开办的语言学校，我向其中的一家发出了咨询邮件，和第二家接洽的学校预订了课程，非常顺利。我早已习惯在海外独自旅行，对旅行本身没有什么担心的。到达马尼拉的机场后，学校的工作人员来接机，带着我乘坐出租车、巴士、三轮车，在深夜到达学校。当天我洗了个澡就睡了，第二天开始上课。

因为我想在短时间内多上些课，所以选择了每天 8 小时的课程。课时真是有点多，刚开始，只上课就已经让我筋疲力尽了，过了一段时间才习惯。到了第二周，我已经完全适应并充分享受我的留学生活了。

之前，我的英语水平是TOEIC（托业，国际交流英语考试）700分，一直接受应试教育的我，阅读、语法、单词、固定搭配都有一定的基础。我自认自己在国人中算英语相当好的，但是，在英语听力和会话方面还是有点吃力。

在我看来，菲律宾的英语课程非常棒！老师的英语知识非常丰富，不是那种会说几个英语单词就来当老师的人，就算很小的问题也会认真回答，而且根据学校的教育计划，上课期间师生有一起的对话时间，而不是学生一味地听老师讲。因此，学生可以自然地将英语变成自己的技能。在两个星期的学习中，我对英语听说的抵触变得越来越小，课程结束时还觉得就此回日本不够尽兴。

给我上课的老师都很开朗、很亲切，其中有一位男老师，特别的阳光、有活力。上课时我曾和他轻松的闲聊，我问他最喜欢《哆啦A梦》中的哪一段故事，他用英语对情节梗概做了一个长长的说明，让我第一次感觉英语是那么有意思。

曾有人说菲律宾的治安不好，但我住在偏远的小乡村，没怎么发现治安不好，我之前也去过几个亚洲国家，以我的经验来看，这是一个处于平均水平的、相当舒适的小乡村。

虽然超市和购物中心里有麦当劳、必胜客，但我更喜欢当地人常去的餐厅。这里的哈咯哈咯虽然有点甜，但后味非常好。其实这里所有的食物都稍带一点甜味，我还是很满意的。

就这样，我两周的菲律宾留学生活很快就结束了。虽然两周之后没有发生戏剧性的变化，但我感觉到自己的进步了，抗拒英语听说的意识没有了。

南 MAI
Mai Minami

女性独自旅行是失？是得

　　"女孩子一个人旅行不是很危险吗？"

　　我打算一个人周游世界的时候，听到的第一个问题就是这个。人们首先想到的不是旅行的各种好处，而是麻烦、危险这些还没有遇到的事。将女人独自旅行夸张地想象成用生命去冒险的人不在少数。女人独自去一个未知的国家，住旅店，在语言不通的国家有危险，这是事实。有很多女性也是因为考虑到这一点而不敢一个人去旅行。但是我常常这样讲"没关系！世界上的男人对我们非常好！非常亲切！比本国男人好很多倍呢。"

　　是的，这世界上有的是好得一塌糊涂的男人，真正的 Ladies first（女士优先）。我在世界各地旅行，在很多地方都受到男性的亲切照顾，他们往往会担心地说"哦，一个人旅行很不容易呢"，然后伸出手来给予帮助。

　　日本人走到哪里都很注意举止得体，笑脸相迎，说话也有礼貌，作为旅行者给人留下了好印象。也正因为如此，世界各地的人善意地、亲切地对待我们。如果我们女性能怀着感恩的心情接受他们的照顾，那么独自旅行会顺利、快乐好几倍。

　　我一个人旅行的时候，因为合眼缘而被他人请客吃饭也如家常便饭一般，有人很热情地向我推荐自己国家的传统食品，还有人请我到他的家里用餐。被邀请的时候不要有什么顾虑，欣然接受吧。虽然语言不通，但是如果能用夸张的反应表达出好吃、高兴，当地人会非常高兴。脸皮这么厚？不是不是，无论是谁，碰到迷路的人寻求帮助，对对方施以援手肯定比不理不睬强，对方肯定会很高兴，你也会觉得这是件值得高兴的事，不是吗？顺便说一句，不管在什么国家，除了"你好！""谢谢！"外，如果再学会说"好吃！"，就更好了，你会发现这个词在和当地人的交流中非常有用。

在世界各地旅行，女性搭顺风车更容易成功，相比让可能带来危险的男人上车，无论是谁都更愿意搭一个笑得像阳光一样灿烂的女人。我也遇到过不断地对我说"请上车！请上车！"的人。

在克罗地亚的杜布罗夫尼克，我为了去一个展望台在陡峭的山路上行走，一个出租车司机从驾驶室的窗口对我喊"没有钱也可以上车"。他把车停下，说"好了！这条路很难走的。我免费拉你吧。"然后就把我送到目的地。步行的话，走完这段山路需要30分钟。到达目的地后，他还主动担任导游，带我在景点走了一圈。

此外，说到"女人之得"还有下面这种情况。我从尼泊尔进入印度，在国境线上，签证过期了一天，要交纳罚款，而我身上没有多余的钱，情况很危急，我看检查证件的是一位好脾气的大叔，便决定装哭。

"呜呜……我没有钱。行行好吧……不行吗？"

我一边装哭一边奉承大叔，还给他拿我带的糖果，结果罚金打折到原价的五分之一。这是只有女人才能使用的必杀技！

所以说，在世界各地的男人们的亲切照顾下旅行，作为女人，独自旅行也有很多收获。这是事实，只需一个月，不，一周，就能感受到在国内要一年才能感受到的那么多的亲切。

但是！也不全是好事。有时，男人的亲切并不止于亲切，察觉到这点，女性应该马上警惕起来。世界上也有很多有不良企图的男人，实施性侵行为的男人，要时刻注意，看清对方的真面目，免得特意安排的快乐旅行被毁。

我对身为女性唯一感到讨厌的就是遭到性侵害的机会比较多，特别是在中东地区，独自旅行的女人很容易遭到性侵。从你前面走过来的人，如果过分接触你的头发、身体，邀请你一起拍照并搂着你的肩膀或胳膊，突然握你的手，只要有一点机会，不，即使没有机会，也想接触你的身体。其实，如果仅仅是这些也就罢了，但在这之后常常会发生卑劣的性侵……在叙利亚的巴尔米拉，我在一个价格低廉的旅店办完入住手续，店主把我带到我的房间。"这是你的房间哟。我想和你说说话。"说着他就走进了房间，坐在了床上。"你也坐！"他说。等我也并排坐在床上和他说话，他就不停地说，我喜欢日本人，我有很多日本朋友，说着，他突然用认真的表情看着我，双手朝着我的肩膀围过来，并强行把我摁倒在床上。"I love you！"

他一边这样说，一边将讨厌的脸凑了过来，努着嘴，想要吻我。"不行！不行！停下！我要去别的旅店住！"我慌忙从床上蹦起来，做出要从房间里跑出去的样子。他赶忙道歉"对不起！对不起……"我才躲过了一劫。

一般人都觉得住进有很多人的大房间不会有危险。这也许没错，单人房间在某种程度上就是只有一个人的密室。知道这一情况的旅店工作人员可能在半夜来"访问"，企图进入房间里。我在印度的时候就碰到有人敲门，说"让我进去！""一起喝一杯吧！"的情况，还是在圣诞夜。我知道一旦开门就完了，所以就关灯，假装睡着。我摸着黑去沐浴，突然发现店员正透过浴室窗户玻璃的缝隙往浴室里面看！Oh, My God！我在圣诞夜被印度人偷窥（我的裸体）！这样难忘的圣诞节，在之前和之后都不曾有过。

"我给你按摩吧！"这是一句危险的话。我在摩洛哥的撒哈拉沙漠中，突然腹痛起来，而且是长这么大最严重的腹痛。在近50℃的高温中，我躺在连空调都没有的房间里，忍受着疼痛，人非常虚弱，甚至产生了幻觉，好像看到了冥河，整个人像快死了一般。"我给你做按摩吧。"当时旅店的工作人员对我说，表示可以用传统的按摩方法在一瞬间治好我的腹痛。在没有药、没有医院的撒哈拉沙漠深处，我像抓住救命稻草一样，没有丝毫怀疑，请他帮我做按摩。

天至傍晚，气温稍稍降低一点，他说要开始做按摩，叫我去沙漠。我忍着腹痛、蹒跚着走到沙漠中。那个店员让我躺在沙漠上，开始给我按摩。刚开始，他轻轻地按摩我的胃，让我觉得他是个心地善良的人。但我注意到他做按摩的手慢慢滑向女性最重要的部位——两腿之间。啊，奇怪！正当我觉得奇怪的时候，他的双手伸到了我衣服的下面，紧紧地抓住我的胸部！"啊！住手！"我慌忙挣扎，他还说"下面开始让你舒服的按摩哟"。后来（在别的地方），我还听到过"我很会按摩，去我家做按摩吧"之类很怪异的引诱。在我的旅行词典中，"做按摩吗？"是要警惕的句子，希望出去旅行的女性朋友注意。

性侵伤害在中东地区特别多，这和宗教有关。伊斯兰教禁止女性在男性面前露出皮肤和头发，女性必须戴头巾。此外，结婚前，男女不能有肌肤之亲。外国女性露着他们难得一见的皮肤和头发从他们眼前大摇大摆地走过，肯定会使他们兴奋。这是完全能想明白的。

女性独自去旅行是得，还是失？

应该说有利有弊。有只有女性才能体会到的快乐，也有因为是女性才会受到的伤害。不过呢，将这些好处坏处归纳在一起，旅行还是快乐的。和男性的旅行相比，女性的旅行要快乐好几倍！看看世界各地漂亮的民族服装，逛街买东西，都会让女性快乐。学学这个国家的人的装扮、看看那些漂亮的杂货，就能让女性心情大好，还可以长时间地欣赏罗曼蒂克的景色、夜色。只要一脸茫然地往那儿一站，全世界的人都会过来关心你、帮助你。因为顾忌旅行不好的一面而不敢独自出去旅行的女性，一定要走出这一步，出去旅行，这样才能体会到很多在国内难得体会的感动和经验。旅行中的日子像宝石一样闪亮，不要没有旅行的人生。

第 **2** 章

出发去旅行
（飞机、机场篇）

从订票到机场

从国内出发去海外，必须乘坐飞机，下面介绍一下基本的手续。

第一步，购买飞往旅行目的地的机票。需要在旅行社、航空公司办理相关手续。

如果是自由行、随团旅行，需要去旅行代理店通过网络申请。除此之外，还有廉价航空公司（LCC）的廉价机票，关于廉价航空公司，后面将进行详细介绍。

如果是跟团旅行，无论如何，在出发前一周左右会收到行程。现在，各种形式的旅行需要办理的手续都变得简便了，多数会收到电子票。

手续办好后，在出发之前还必须确认护照的有效期是否足够。准备旅行经费。随身携带的现金就不用说了，打算使用国际现金提取卡的人要确认卡内余额。使用信用卡的人要弄清楚信用卡的使用是否有限制。但凡现在不办好到海外就没法办理的事情都应该提前弄清。

此外，很多人会忽视该用什么交通方式前往机场，如果去机场，可以坐巴士、坐地铁、开私家车。大多数人会选择坐地铁，这就需要明确地铁首末班车的时间、运行间隔、从车站到机场到底需要多少时间。

以前机场方面会要求乘客"国际航班在起飞前3小时到达机场"。但是，近年由于国际上频繁发生恐怖事件，美国系的航空公司自己独立检查行李，会花比较长的时间，所以最好比规定的时间提前到达机场。航空公司的各项职责越来越细，登机的地方可能离航站楼很远，也需要提前调查清楚。

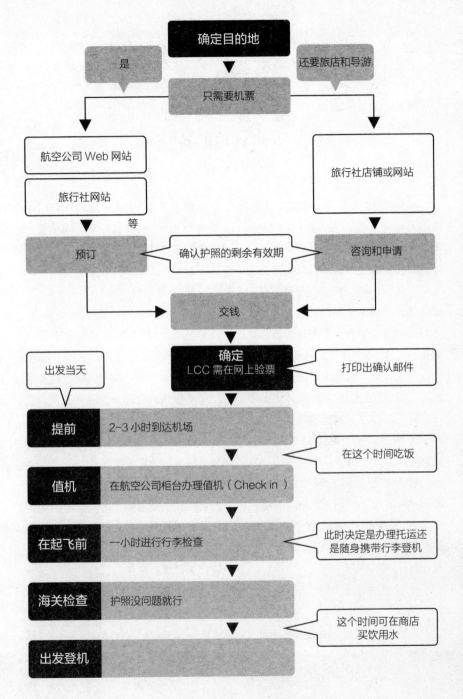

确定目的地

是 → 只需要机票 ← 还要旅店和导游

航空公司 Web 网站

旅行社网站

等

预订 ← 确认护照的剩余有效期 → 咨询和申请

旅行社店铺或网站

交钱

确定
LCC 需在网上验票 ← 打印出确认邮件

出发当天 → 提前 2~3 小时到达机场

在这个时间吃饭 →

值机 在航空公司柜台办理值机（Check in）

在起飞前 一小时进行行李检查 ← 此时决定是办理托运还是随身携带行李登机

海关检查 护照没问题就行

这个时间可在商店买饮用水 →

出发登机

[008]

廉价航空帮你
的旅行省钱

文 / 和田虫象

近些年出现了廉价航空（Low Cost Carrier, LCC 的简称），一些原本很贵的飞行在省略掉各式服务后，票价变得十分便宜，人们只需要花费比乘火车、轮船、长途巴士稍微贵一点的钱，就能乘坐飞机飞来飞去了。LCC 的网络已遍及世界各地，仅日本就有超过 10 家飞国际线路的 LCC。

那么，给穷游者带来革命性变化的 LCC 和普通的航空公司有什么不一样呢？怎样才能买到超低价的机票呢？使用 LCC 有什么技巧呢？下面我就给大家讲一讲。

我用自己在网上预订日本 LCC 和日本航空、全日空等 FSC（提供全方位服务的大牌航空公司，Full Service Carrier）做比较，看看 LCC 有什么优点和缺点。

● 优点
便宜
促销活动时的价格会低得惊人。

● 可购买单程票

普通便宜机票，如 PEX(FSC 的正常折扣）票只有往返票，可能会出现单程票比往返票还贵的情况。

缺点
● 不能累积航空里程
LCC 不参加航空里程（星空联盟、One World 等），不过有的 LCC 也有自己的里程积分。

● 额外的服务项目需要加收费用
不仅机内食物、饮料要收费，托运行李等也都要收费。

● 机内设施简朴、座位前后空间狭小，大多没有电视屏幕。

最大的优点就是机票价格便宜，而且票价是随着购票时间的不同而变化的，越靠近出发日期越贵。如果能早一些把计划定下来，早一点预订机票会更划算。另外，LCC 的票不是一定就比 FSC 的票便宜，所以有必要先上机票检索网站查询一下。最有名的网站是 "Sky Scaner"，这个网站不仅按顺序显示 FSC 的机票、LCC

的机票,还能查询机票价格、燃油附加费等,使用起来非常方便。

因为或多或少都有价格差,预订FSC机票的话,不仅能累积航空里程,飞机餐、托运行李等都可以免费,有时综合算下来更划算,但也有时,它的价格是 LCC 的一倍还多。

我曾经买到过一次促销价的机票

LCC 的特色之一是限时推出的促销活动,提供超低价机票。新航线开通时,有的机票价格不到平时的一半,有时甚至只要几百日元!正因为价格低得惊人,预订网站的访问量超大,一眨眼机票就会被抢光!

在促销活动时争夺机票让人感觉自己好像正在玩电子游戏……下面我就讲讲在网上抢票时要提前做哪些准备工作。

平时就要关注促销活动的信息,建议接收并查看航空公司发来的会员邮件。

在促销活动开始前完成会员的注册登录,在锁定状态下待机(省去输入姓名、住址的时间)。

日程相对灵活的人,在促销活动前要准备好 3 个不同的时间方案(若是在活动开始后,发现第一个方案行不通,再开始准备第二个,就晚了)。

在网上申请机票,内存大的电脑和速度快的网络能大大提高你抢到票的概率。

在活动开始前,预先熟悉预订机票的电脑页面的推进方法,熟悉确认键的位置,也很重要。

以上这些都是抢票的基本技巧,运用这些技巧,我每次都能抢到想要的票,大家一定试一试。

如何减少选择性收费

LCC 的基本原则是对需要额外服务的人额外收费,所谓额外服务包括选座、用飞机餐、托运行李等。如果全部都需要,可在网络预订时间内提出申请,在网上申请这些服务要支付的费用比当天在柜台或飞机内购买这些服务少,无论哪家公司都是这样。

如果是穷游的背包客,一个收费项目都不选也没什么,座位在哪儿都可以;去机场前吃得饱饱的,在飞机上就不需要吃东西了,就算饿了也可以忍耐,实在饿得不行,就点最便宜的泡面。唯一的麻烦是托运行李。但这个收费项目,大多时候我也不会选。

按照规定,可随身携带 7~10 千克的行李,如果发现超重,可以将能穿的衣服都穿在身上,把书、电子计算器等都放入衣服口袋。当然,也不能太过分,不然会引起人家的注意。回国的时候,如果随身携带的行李里有瓶装酒等特产,可别忘了办理行李托运。

打折机票、LCC、自由行……
选哪一种呢

不论哪种旅行都必须考虑机票，即使是不用自己亲自购买机票的跟团游，也是如此，因为你需要将跟团游的费用和自己旅行的费用做比较，并以此为依据判断是否报名。到目前为止，背包客一般会买打折机票，这些票本来是航空公司批发给旅行社的，因此以前只有在旅行社才能买到。然而，从2010年开始，出现了LCC，可以从航空公司直接买票，旅行的形式发生了巨大变化。打折机票分为往返日期固定的"固定票"和可以改动日期的"Open"票，单程或者往返都可以。另一方面，LCC以单程为主，其最大的魅力在于价格比打折机票的一半还低。特别是亚洲航空这样的大牌LCC，促销活动时出售过千元票(最近，非LCC的飞机也可直接买打折

票了）。虽然LCC有服务简化、起飞时间延误等问题，打折机票和跟团游仍然很受欢迎，而且飞往东南亚或其他一些地区需经马来西亚等机场中转，很花时间，这种旅行明显更适合时间宽裕的旅行者。

时间紧张的人，我推荐自由行。这是一种提供机票、酒店和接送服务的旅行，没有旅行社领队和导游，采取自由活动。如果是一周以内的短期旅行，自由行要比自己单独订机票、酒店更划算。因此有很多上班族以自由行的方式在亚洲进行"周末＋1日（或者上午半天）"的一地游。

如果是长期旅行，想兼顾便宜和舒适，采用哪种旅行方式比较好呢？这需要好好考虑再做选择。

◆ 世界主要航空公司简介

中国国际航空　SA	以北京和成都为枢纽的中国招牌航空公司。国内航线的服务态度已经改善，价格竞争力强，正进一步加大力度拓展航线，但是航班延误情况较多
中国南方航空　ST	以广州为中枢，既有中国国内航线，也有飞往世界各主要城市的国际航线，价格便宜。但满员时比较吵闹，不大准时
香港国泰航空　OW	到日本的航班很多，有会日语的日本籍乘务员。前往澳大利亚、南非方向坐该公司飞机很方便
大韩航空　ST	以首尔为中枢，从地方起飞的中转航班，利用价值高。机内餐附带的管装辣椒酱味道让人上瘾
新加坡航空　SA	以樟宜为中枢，空乘穿着民族服装迎客，是不受LCC影响的、业绩稳定的航空公司
韩亚航空　SA	虽然2013年7月在旧金山发生了着陆失败的事故，仍然是一家优秀的航空公司。每年的航空公司排名都很靠前
泰国国际航空　SA	以背包客的圣地——曼谷为中枢的泰国招牌航空公司。其特色是空乘着民族服装，飞机餐为泰国料理。泰国政府是其大股东
全日航空（ANA）SA	初期以日本国内航线为主，开通国际航线之后规模扩大了。它是日本主要的航空公司，也是世界上最早引进波音787的航空公司
日本航空（LAL）OW	日本的招牌航空公司，离开日本和返回日本时都能吃到盖饭、荞麦面等日本传统美食。虽然近年有些低迷，但是国际航线的数量在全日航空之上
法国航空　ST	以巴黎为中枢，有很多飞往非洲西海岸、加勒比海、太平洋上原法国殖民地的航班
达美航空　ST	强大的美国航空公司，增加了澳大利亚的航线后，成为能飞往世界六大陆的航空公司，大西洋航线特别充足
美国联合航空　ST	引入了世界先进的电子机票系统，是星空联盟的创始者之一，世界大型航空公司，有以美国为起点、飞往世界各地的航线
迪拜航空	以阿联酋的阿布扎比为中枢，是资金雄厚，成长迅速的航空公司。头戴阿拉伯纱巾的空乘充满异国风情
阿联酋航空	以阿联酋的迪拜为中枢，在全世界所有大陆都有航线的超大型航空公司，坐拥石油资源，拥有全世界最多的A380
印度航空	可能因为飞机餐以咖喱为主，总觉得机舱内飘浮着辣椒的味道。从曼谷出发的深夜航班实在体贴入微，背包客很多
孟加拉航空	有名的价格合理的航空公司，因为价格便宜受到好评，但据说有时会有安全问题
墨西哥航空　ST	方便周游墨西哥国内和在美洲大陆内纵向旅行的航空公司

亚洲航空 X	以马来西亚的吉隆坡为中枢，单程票相当便宜，有些时候还超级便宜。在亚洲境内飞行，重视安全。从日本羽田机场起飞的航班是深夜出发、早上到达，短期旅行时很方便
捷星航空	澳洲航空创建的一家廉价航空公司，正在进入亚洲市场，值得向想去东南亚穷游的人推荐，也能飞澳大利亚。安全有保障
阿拉伯航空	中东的廉价航空公司，以迪拜近郊沙迦为中枢，航线遍布亚洲、欧洲、非洲……范围广，价格便宜，很方便
易捷航空	以伦敦为中枢的廉价航空公司，在欧洲境内、埃及、摩洛哥有航线，机舱内可以点星巴克的咖啡
瑞安航空	在欧洲境内飞行的廉价航空公司，虽然价格极其便宜，但机场都比较偏僻。如果不提前打印机票还会被罚款，这点必须注意。该公司还计划对厕所收费
美国西南航空	美国的廉价航空公司，总部位于美国得克萨斯州的达拉斯，飞往墨西哥的航班相当便宜，很方便。LCC 的开创者
南非航空 SA	以南非的约翰内斯堡和开普敦为中枢，航线遍及非洲境内、南美、澳大利亚等，大陆之间的交通很方便，伦敦、亚洲也有航线，其长途线路的服务评价很高
英国航空 OW	以英国伦敦为中枢，飞往所有大陆的原英国殖民地，覆盖了世界各主要城市，乘客很多
澳洲航空 OW	南半球最大的航空公司，总部在澳大利亚，其长距离国际航线的服务早有定评，向旗下的捷星航空转让了一些线路，澳大利亚境内的线路也很多
智利航空公司 OW	以智利的圣地亚哥为中枢，在南美大陆各地区都有航线。是唯一一家拥有复活节岛航线的航空公司，方便周游南美洲各主要城市，也有大洋洲航线
俄罗斯航空 ST	在莫斯科中转的欧洲线路，因为便宜受到大家的好评。以前因为使用前苏联的飞机，安全性让人担心，近年改用波音、空客等飞机
芬兰航空 OW	以距日本比较近的赫尔辛基为中枢，可以作为飞往欧洲其他城市的中转站，有很多为中转旅客提供方便的服务

如何成为
航空里程达人

文 / 清水公和

去海外旅行，若想省钱，一定要充分利用航空里程。所谓航空里程，就是航空公司推出的类似积分卡的东西，每一次所购机票的飞行距离都能获得相应的航空里程，将这些航空里程累积起来就能换免费机票。

当然，不同类型的旅行，都有它自己最划算的航空里程累积方式，不能一概而论地推荐某种方式，下面，将累计方法抛在一边，讲一讲航空里程的使用方式。

累积的航空里程就像股票一样，根据"卖出时间"的不同，其价值也有很大差异，花钱购买机票的话，会发现在节假日、年末年初等高峰期，机票价格急剧上涨，而在需求量低的时期价格会下降。另一方面，根据航空公司的规定，可用航空里程兑换的特别机票在旺季、淡季交换所需的里程数的差是没有普通机票价格差那么大。所以最划算的航空里程使用方法

就是，在机票便宜的时候花钱买机票，在机票贵的时候用航空里程兑换特别机票。不过，旺季时用航空里程兑换特别机票也是一场激烈的战争。旺季是航空公司的收获季节，各公司多会减少航空里程兑换的特别机票的座位数量，会设置很多预订条件，想预订成功，就必须在航空公司接受预订的瞬间同时通过网络和电话进行申请，或者提前成为航空公司的高级会员以便获得等待退票的优先权。可以说，最划算的使用航空里程的方法也是最难完成的。

在到处都是便宜机票的淡季，将航空里程用掉也是万不得已。即使不能用最划算的方法将好不容易累积起来的航空里程用掉，也不在不划算的时候把它花掉。

你也可以考虑兑换商务舱或头等舱的机票，自己掏钱买这两个档次的机票要花很多钱，用航空里程换的

话，就算你不是大公司的董事，只是普通的旅行者也可以坐商务舱或头等舱享受一下。虽然它们所需的航空里程数是经济舱的一倍左右，但是不花钱就能享受高级待遇的成就感完全可以抵消多付的航空里程数。有的航空公司还提供一个单程的经济舱加一个单程的商务舱的组合方式。适合想稍稍奢侈一下的旅行者使用。

此外，航空公司的经营状况也会影响航空里程的使用方法。对航空公司而言，航空里程就如借钱，有时航空公司想早点从客人那里将航空里程回收。不过呢，一旦航空公司破产、倒闭，你所累积的航空里程便很可能一钱不值了。所以想灵活使用航空里程旅行，还要尽可能地收集航空公司经营状况的信息。

另外，绝对要注意航空里程的有效期。不论你累积了多少航空里程，一旦超过有效期，将全部化为乌有。不怎么频繁乘坐飞机的人就不要勉强去累积航空里程，最好把它换成需要的里程数少的短距离航线、国内航线的机票，尽快消费掉。

如果无论如何都不能在有效期内将航空里程用完，可以换成航空公司的商品券，花钱买不足的那部分里程。

LCC 达人选择法

文 / 窪咲子

到达机场后，无缘无故地开始紧张。在我所到过的机场中，印象特别深的是阿拉伯联合酋长国的迪拜机场。机场职员身穿全白的民族服装——宽袍。机场内设有专门的祷告用房间，出售金灿灿的黄金的自动售货机。机场既是展现国家特点的场所，也是旅行的起点。近年来，廉价航空，即 LCC 也出现在中国，旅行和大家的生活更近了。廉价航空通过机内服务收费化、削减成本，实现以低价运营的航空服务，有时会推出便宜得惊人的促销活动，票价甚至比巴士、火车还便宜。所以捡便宜的秘诀就在于登录相关邮件刊物，查看信息，尽早预订机票。

LCC 的票全部要从网上购买，其主页有些是纯英文的，只要输入日期、时间、出发地、自己的姓名等固定项目，进入页面，就能非常方便地买到机票。擅长省钱的旅行达人都是灵活运用 LCC 的好手。

菲律宾 LCC 宿雾太平洋航空以其独特的服务受到大家的欢迎。飞机起飞后，机舱内会突然响起愉快的音乐。空乘会一边跳舞一边向你走来，在你发呆的时候，游戏开始了。就在机舱里，空乘会带领大家玩一个叫作 "Show me game" 的简单的游戏。空乘会喊 "请让我看看××"，谁先出示 ×× 谁就能获得奖品，乘客们的情绪被调动起来。空乘想办法让乘客愉快地度过了原本无聊的飞行时间。

当然，LCC 也有缺点。例如，多在深夜或早上这些不方便的时间起飞，多使用离市区较远的机场，等等。所以建议在预订前就查清楚，以免带来不便。此外，还常常听说 LCC 取消航班或航班延误。迄今为止，我已经坐过 20 多次 LCC 航班，一次都没遇到过取消或航班延误的情况。LCC 座位的宽度，比平常的飞机要狭窄一些，但对女性乘客来说这并不会带来太大困扰。

最成问题的是对行李重量、件数的限制。在预订时就要把托运行李算进去，如果出行当天行李超重了，将产生高额的超重费。而且，LCC 对随身携带上飞机的行李也有各种限制，行李多的女性必须注意。

目前 LCC 最吸引人的优势是，如果你是优先通过的会员，能够使用全世界 600 多处机场的休息室。有了优先通过的资格再去旅行，通往机场的路就变得愉快了。

起飞前的各种事

去海外旅行，在飞机起飞前还要办理值机、托运行李、检查行李、海关出境检查、登机口检录等手续，一般要求在飞机起飞前两小时到达机场，现在还可能要求更早到达机场。

首先是值机。简单地说就是乘客对航空公司说"我要乘坐飞机，请予确认"的手续，需在航空公司分设的柜台出示表示自己身份的护照和机票。最近值机手续还可以更加简便，可在网上办理。

接下来是检查行李，需要注意的是电脑和液体，检查时需要将电脑放在检查台的传送带上等它通过X光设备。不论你将电脑放在多深的箱子里，都必须拿出来。液体原则上是不能带的，盛放液体的容器必须小于100毫升，而且容器必须密封在塑料袋里。

此外，腰带上的金属扣、香烟的锡纸都会让检查仪器发生反应，要先拿出来。

接下来是海关出入境检查。海关对携带的出境物品也有规定，不能携带高价外国制品和超过一定金额的现金。一般的旅行者不太可能带这些东西，出入境检查对出境者来说问题不大。检查人员在护照上盖个章，这道手续就算完成了。

之后要按照机票上所写的登机口和航班号前往登机口，要提前30分钟到达登机口等待登机。

在机舱内必须填写"入境卡"，填完之后，才可以在座位上放松休息。但是不要影响周围的乘客。这时，旅行才算开始。

TRAVELER'S MEMORY

010

我在世界各地机场经历的行李检查

文 / 河本 BOARA

如果说安检（行李、身体检查）是旅行中最让人扫兴的事，可能有点夸大其词。不过安检给人的感觉确实不太舒服。

在机场接受检查的行李有两类，一类是登机前进行的检查，一类是到达目的地之后的检查。

出发前 3 小时

托运的行李大多是在值机柜台前的 X 光机进行检查的，设备较先进的机场会在你办理完行李托运的手续后进行。

"9·11"事件后不久，我从德国法兰克福机场飞美国，等候行李检查的队伍非常混乱，我提前 3 小时到达机场，时间也不宽裕。在值机的柜台前，每个人都要把行李打开接受人工检查。轮到我接受检查，他们突然问我问题，详细询问我周游世界的行程。问完之后，他们没有打开我的行李，让我暗自高兴。接着，在出国前

的安全检查处，需要将随身携带的行李放入筐中送入 X 光机传送带。人则要通过金属探测门，我在这里第一次被要求脱掉鞋子。这让我顿时觉得在这个时代确保旅行安全越来越难，如果鞋子含有金属，金属探测门就会有反应。所以如果你的鞋子上有金属，要提前脱鞋。

顺便说一下，金属探测门哔哔响个不停的，还有巴黎机场，好像半数左右的人在经过时门都在响。

让人厌烦的身体检查

在美国，机票的右下角印着 4 个秘密暗号似的字母 SSSS（Secondary Security Screening Selection，"选择性二次安检"）。我曾见过一对看起来很友好的日本老夫妇，虽然经过金属探测门时什么响声都没有，仍被带进专门的房间里接受更严格的身体检查，他们都表现出厌烦的样子。实际上值机时，就已经决定了你是否需

要接受二次安检（身体检查）。

二次安检的选择可能是随机的，单程票、目的地，甚至有人说人种也会成为二次安检的依据。还有就是用现金而非信用卡购买机票的人也会被检查，大概是因为谁都可以在旅行社用现金购买机票吧。所以，在美国，看到 SSSS 就要注意了。

检查点的液体攻略

每次都让人担心的是携带液体的问题，至少在行李检查完成前是不能购买瓶装水的。如果你带了瓶装水，要么在检查点前一口气喝光，要么就连瓶带水全扔掉，只能二选一。偶尔安检松一点的机场，工作人员会要求你全部喝掉，又会在你喝了几口后对你说"可以了（已经知道不是爆炸物了），过去吧"。通过安检点后，在到登机口之前的机场商店里买的瓶装水都可以带上飞机。但是墨西哥的机场安检相当严格，在墨西哥国际机场，登机前还要经过一次行李检查，我刚刚才在机场商店买的瓶装水就被没收了。我抗议了一番，工作人员才往我的空瓶子里倒了水，让我解了渴。这也启发我带空瓶子进机场。除了饮料，牙膏、面霜、化妆水等液体倒是可以少量携带，每种不超过 100 毫升，并装在容量为一升以内的透明塑料密封袋里。如果你携带的特产中有液体，那你可要当心了，各个中转机场对液体的要求不一样，万一东西被没收，可别哭哟。

到达后的检查

到达终点后，要经过入境检查，在托运行李处领取行李后，大概就能出机场了吧。墨西哥机场的海关会让每个人自己按按钮，如果蓝灯亮，就不需要进行行李检查；如果红灯亮，什么也别说，检查行李。红灯亮的人如果有同伴，经检查人员同意，可以只检查一件主要行李，而将其他行李交给同伴带出去，让同伴在外面等你。这样一来检查很快就能结束。检查人员用含糊不清的日语问"这是什么？"你也要用日语回答。对方没在你的行李中发现什么奇怪、可疑的东西就会放你走了。

洛杉矶国际机场的海关检查点，

入境检查官会给旅客随机发放便笺纸，向旁边的工作人员出示便笺纸，会被带到行李检查台，本来排在别的队列中、什么事都没有的同伴也会被强制要求接受检查。不过，如果旅客表示自己只是中转入境，下一趟飞机就要起飞了，也可以免于检查。

禁止携带入境的食物

我个人感觉对食物检查得最严格的是大洋洲和智利。就算入境卡上关于携带食物的问题已经写得很详细了，还是会被要求开包检查，有时还要接受警犬检查。虽然可以携带干点心，但如果不申报，就会被处以高额罚金。例如你只申报了巧克力和红茶，打开包后发现里面还有糖果，就可能要缴罚款。水果是禁止携带入境的，从飞机降落的机场到入境检查站之间，有不少被扔掉的盒子。想想，

特意花钱买的东西就这样被没收了，心里多难受呀。如果是不小心带上的，还可以在飞机上或入境检查前吃掉。在智利，负责入境检查的工作人员允许我将飞机餐中的酱带入境内。

在澳大利亚，即使在其国内飞行，从一个州进入另一个州，降落在机场后，也可能会看到缉毒犬一类的工作犬等候在那里。例如，从墨尔本飞塔斯马尼亚岛，飞机一降落，在狭小的机场里，警犬就毫不留情地扑过来。它发现你随身携带的行李里有苹果会发出警报，发现你带有干点心也会发出警报。我的苹果被没收了，它还继续叫。而在澳大利亚乘坐巴士旅行，跨越州界时也要注意这个问题。

旅行者要记住都有哪些禁止携带、不容商量的物品，不清楚会不会被禁止别带。毒品之类的想都别想，在一些国家携带毒品会被判死刑。

抵达后的各种手续

到达目的国还不算入境，办完必需的入境手续后才算入境。首先，从飞机上下来，不要着急，顺着人流而不是逆着人流走，背包客千万别乱走，背着那么大的包乱走，会给周围的人造成麻烦，要特别注意。

通常出飞机后要直接到护照检查点（Passport Control）接受入境检查。在入境检查时，要出示空乘在飞机上发给你并让你填写的入境卡，将护照、签证（需要的时候）等必要证件交给检查人员。这时，检查人员可能会询问你入境的目的。不用多说，用"观光"等单词回答保证不出问题。检查人员认为你没问题，就会在护照的签证页上盖入境章，并将入境卡一起返还给你，你必须妥善保管它们直到回

国，然后你要去行李领取处领取行李，过海关，来到到达区。万一检查人员觉得你有问题，会要求你打开行李接受检查。为了避免麻烦，老老实实地按他的要求做。

之后你走出机场，在这之前别忘了下面这些事。首先，一旦走到开放区域，安全性就明显降低，所以诸如拿贵重物品、整理行李、上厕所、确认怎么去目的地等都必须在出机场之前完成。此外，如果乘坐交通工具需要兑换货币，为免信用卡不能用，不论汇率对自己多不利都要在机场换好。

完成上述所有工作，再出机场，这时你的旅行才真正开始。

中转航班

关于转机的基本知识

在机场，有件事情必须根据自己的情况来判断，那就是转机。在语言不通的异国他乡，你问比如"我要转机，能赶上这个航班吗？"这类问题，不知道对方会不会认真回答，而在对方嘟嘟囔囔回答你的时候，你还不免担心飞机是不是已经起飞。对缺少旅行经验的人来说，转机相当有难度。

如果你的中转机票是在同一家航空公司购买的，按规定会有最低中转时间。因此，一旦前段航班晚点，航空公司会提供可换乘的航班作为弥补。但个别航空公司在预订机票时不受理补偿，这意味着你只能重新购买机票（话虽如此，建议在航空公司柜台先交涉一下）。

为了避免这种麻烦，还是应该多留出一些转机时间（2小时左右为宜）。

为了避免发生无谓的麻烦，可以事先将机票信息、即将入住的酒店的信息、中转机场的信息、护照等必需证件准备妥当，以便需要出示时能立即出示。特别是英语不好的人，一定要将最终目的地、访问目的、即将入住的酒店的名称地址、职业之类的信息译成英文背下来，真遇到困难，或时间特别紧急，就找穿制服的人，给他看你的机票，同时大声地说出你背下的信息。

转机时常见的指示

Departure 出发
Arrival 到达
International 国际
Domestic 国内
Boarding 登机
Immigration 入境
Transfer 转机
Baggage claim 行李领取处

旅行者推荐的国际机场及其攻略

006

国际机场如同旅行的第一道门。实际上，出门旅行，在机场度过的时间会出人意料的长得惊人。飞机准时起飞，在机场等待的时间为2~3小时，如果要转机，在机场等待的时间甚至可长达20小时。如果航班在早上出发，由于交通方面的原因，可能需要在头一天晚上到达机场，在机场过夜。

于是，经常出门旅行的人就做了一个受欢迎机场大排行，实际上，位于英国的航空服务研究公司每年都会评选并公布"国际机场奖"（World Airport Awards）

这个国际机场奖以世界上375个机场为评选对象，并做民意调查。看看这个排行榜，会发现上榜的都是国际线中枢机场（起到航空路线网中心作用的机场）。

那么，就旅行者的切身体会而言的机场排行榜是怎样的呢？据说和国际机场奖的结果差不多。对旅行者来说，最重要的是"是否24小时开放"。旅行者最喜欢的是可以长时间停留、

不驱赶旅客、还能提供睡眠地方的机场。比如，备受欢迎的新加坡樟宜机场就是一座不夜城，不停地运转，还有很多的长凳、椅子，供旅客休息、睡觉。

平时人们可能不会注意这些，但不管怎样，从让人觉得方便，待得舒服的角度进行机场大评比，还是有点意思的。

2016年世界国际机场奖

第一名　新加坡樟宜机场

第二名　东京国际机场（成田机场）

第三名　仁川国际机场

第四名　慕尼黑机场

第五名　香港国际机场

第六名　哈马德国际机场

第七名　名古屋中部国际机场

第八名　苏黎世机场

第九名　伦敦希斯罗机场

第十名　法兰克福机场

应该提前了解与飞机有关的麻烦事

对坐飞机出门旅行的人来说，最大的失误就是错过航班。乘坐国际航线的话，至少要提前 40 分钟到机场办理值机，少于这个时间就不能办理。因为除了值机，乘坐国际航线还有很多必须要办的手续，比如，检查行李等，会消耗很长时间。

有的航空公司可能会等迟到的乘客，但大多数都不会等，到时间就飞走。

那么，如果你发现自己极有可能错过航班，该怎么办呢？首先，不要慌张，要保持冷静。然后确认机票的种类。机票种类不同，应对的方法也不同。机票主要有普通票、打折票、股东优待票、航空里程兑换票及其他打折机票等。普通票呢，简单地说就是按定价出售的正规票，基本都可以预约变更、改签（其他航班）。不过

因为价格高，旅行者大多不会买普通票。旅行者选择最多的是打折机票，这种机票往往不可预约变更、不可改变航线、不可改签其他航空公司的航班（也正因为有这些限制，票价才会便宜这么多）。此外，如今旅行者爱买的 LCC，光是看看它低廉的票价就知道不能改签，万一错过航班就只能重新买票。不过，也有错过航班的人说，廉价的机票比打折机票要便宜，就算是错过了损失也很小。

若不幸发生这种意外，千万记得取消预订好的酒店以及之前确定的、飞机之外的事情。

然后到航空公司的柜台前，交上所有必需证件，试着和工作人员交涉一下，看还有什么办法挽回损失，而不要在情急之下草率地做决定。

机场麻烦实录：
"我错过飞机啦"

文 / 野 GIKU

常有人将人生比喻为旅途，而这被比喻为人生的旅途呢，有时会发生不小心按错一个按钮就造成天大错误的事。我在津巴布韦的首都哈拉雷旅行时，因为吃晚饭后回家的时间稍稍晚了一点，就碰到了强盗，脑袋都差点被人割掉。现在想想，这种事虽然可怕，但至少还能理解，在我身上，还发生过非常无聊甚至有点像的糗事，我的旅行也因为这件事告吹了。

当时，不用说别人，就是我自己都没法同情我自己。

那一年，我的目的地是澳大利亚，身为一名公司职员，利用每年仅有的一次暑假，加上周六周日，再加上调休，七拼八凑地凑出十天左右的假期，我本打算去凯恩斯观看日食，又想着只去一个地方太浪费机票钱了，于是把悉尼和艾尔斯巨石也加上，制定了一个"成田—悉尼—艾尔斯巨石—凯恩斯—成田"的十日旅行计划。

本来我是一个懒散的人，不管什么事不到最后关头就不会去推进，再加上之前进行过长达一年的旅行，养成了遇事现打主意的坏习惯。但是不喜欢按计划旅行的我，这次不得不做计划。

因为日食的日期早就预报了，所以我提前半年多开始申请休假。虎视眈眈地盯着机票价格，在价格下降的时候抢订了机票。为了预防看日食的人暴增，我在网上预订了旅馆，时间是日食当天。甚至为了预防万一，我还考取了国际驾照。我排除万难，仔细地为旅行做着准备。

终于迎来了出发的日子，前些天一直在刮的大风像钻进了台风眼里似的，突然平静了下来。我想这该不是什么预兆吧。

我把工作向上司和同事交代好，还不由自主地在公司干活，待到就要到电车的发车时间才离开。根据"换乘指南"，我应该在最近的车站乘坐JR到品川站，再从那里乘坐成田特快专线，这是最短的路线。在最近的车站，我乘上了比原计划早一班的电车，平安无事地到达品川站。

在等成田特快专线的几分钟里，我突然产生了一个疑问：特快专线的票是在车上买吗？如果是踩着点到车站的话，就没有时间想这么多、直接跳上车就走了吧？我向附近的车站工作人员咨询，车站人员面无表情地回答："车上买不了，请到绿色窗口（去买）。"我吓了一跳，仿佛脚下突然出现了一个大洞。我慌忙背上背包，跑上自动扶梯，只见窗口和售票机前密密麻麻地排了一大排人，我就像动物园里的笼中之兽一般左一下右一下地乱跑。在这之间，我本应乘坐的成田特快专线开走了……

即便如此，我还是很乐观，因为票上写着提前 30 分钟停止 Check in，乘坐下一趟快车，怎么都来得及，慌慌张张去买什么特快车票，还要1500 日元（约 90 元人民币），浪费。

但毕竟没有多余的时间了，真正的最后关头到了，一分钟也不能耽误，必须在计划时间到达机场。电车门一打开，我就必须猛冲到办理 Check in 的柜台前。当电车在成田站和机场第二航站楼之间停下来等信号灯时，我急得发狂，恨不得抢先冲过去。

在从电车上下来的一瞬间，我就用世界上最华丽的起跑，挑战自己的极限，我不停地跑，嗓子眼儿都跑干了，腿跑得像要掉了一样。我上了差一点就错过的电梯，然后又是一路狂奔……当我到达 Check in 的柜台时，离规定的 Check in 截止时间还差一分钟。柜台前除了我，其他一个人也没有。

检票、称行李，哗啦哗啦地完成，啊……我这么想着，深深地吸了一口气。

"对不起，您不能登机了，已经过了规定的时间。"

唉……什么？现在不是正在办理 Check in、正在称行李吗？这不是来得及吗？

"诺，预订表上不是写着提前30 分钟吗……"我将打印好的预订表拿出来给对方看。

"这是国内航线。"

我目不转睛地又看了一遍预订表。

在写有"黄金海岸—悉尼—黄金海岸"的表格上方写着提前 30 分钟，下方……不是写着提前 60 分钟吗？

终于，我意识到自己的失误，这个预订表按照文字顺序，理解起来就是：从东京到黄金海岸提前 30分钟 Check in。这么想完全没有问题呀……这种写法不是让人产生误解吗？

怎么办呢？面对正在找救命稻草的我，柜台里的女服务员以近乎无情的冷静对我说"这里只办理Check in"然后拿出来一张写着咨询中心电话号码的小纸条，让我抄下号码。我记电话的时候，那个女服务员和其他工作人员都不见了，各自去忙自己的事了，把我抛在一边。

可怜的我，能做的就是给咨询中心打电话。电话几乎让人绝望，总是打不通，电话里一遍又一遍地传来"等待时间为5分钟、10分钟、20分钟……"的提示音，我挂断电话、重新打过去，同样的提示音又重复起来。在我不断打电话的时候，我本应乘坐的航班起飞了。这下子真的只剩下我一个人了，决定命运的瞬间，差了30分钟……常常听说飞机为了等乘客而延误起飞……有这么温情的事吗？

我花一个多小时联系咨询中心，都没联系上，用谷歌检索"XX咨询中心电话打不通"，才发现这种情况已经发生了很多次。这时，只会说等待时间的提示音告诉我，可以试试"等待回复服务"。这是什么？是给努力坚持的人的奖励吗？之前一直打不通电话，现在却有希望收到"回复"，是真的吗？我一百个不相信，但是死马当活马医吧。大概10分钟后，真的有电话打过来。我接通电话，慌忙地将事情讲了一遍。对方明确地告诉我，退钱、改签等都不可能。如果能改签，还有很多办法挽救我的行程，但是我购买的机票之所以价格非常低，正因为不提供这些服务。

没有时间悲伤了，我迫切需要解决后面的问题。我已经购买了"悉尼—艾尔斯巨石—凯恩斯"的Qantas航空的机票。明天飞悉尼的航班还有空位，我还能赶上早上起飞的Qantas航班，如果明天能赶到悉尼，这次旅行可以不取消。

我开始在网上查找第二天飞悉尼的航班。由于时间靠得太近了，没找到。穷途末路下，我看到了HIS在东京Desuku做的广告，其电话服务一直到23点结束。还有时间！

接听电话的先生用服务行业标准的、亲切的声音对没头苍蝇似的我说"想明天到达悉尼，没问题"，然后奇迹般地找到了Qantas航空明天的夜航空位，不过价格为17万日元（约1万元人民币）！

单程机票要17万日元（约1万日元）……我已经损失了一张6万日元（约3500元人民币）的机票，还能交这么多钱吗？若乘坐这个航班，我"悉尼—艾尔斯巨石"的澳大利亚国内航线机票（约3500元人民币）

就不会浪费。我可以在明天一早去航空公司的柜台或 HIS 在成田机场的分店去买 Qantas 的机票。

然而，考虑到票价，我又犹豫了，开始想是将"悉尼—艾尔斯巨石"的行程取消，还是干脆不去旅行了……这是不是自暴自弃呢？但这又是最保险的做法。

这个时候，保安走过来对我说，"这里已经关闭了，请到下面一层"，如果决定乘坐明天的 Qantas 航班，最好就这样在机场待着，我想，就算不取消预订好的旅馆和澳大利亚国内的航班……也还有一线希望。Qantas 澳大利亚国内航班的机票是一年的 Open 票，到明年的 10 月都能用。可惜当时我还没有下定决心，觉得就这么待着也不是个事。

我是一看到数字就变弱智的人，在一番思考后，还是决定在网上购买价格更便宜的到凯恩斯的机票，将 Qantas 航班扔到爪哇国去。那么，是在旅行期间改签呢？还是换个时间再去一次澳大利亚呢，以后再考虑吧。

当一切都确定下来时，电车、巴士的末班车都没了，我算是反应过来了，今晚要在机场过夜了。我曾因为航班抵达时间的缘故而在海外机场待到天亮，在自己国家的机场过夜可是想都没想过的。如果我能早做决断，早就到家了……

我到底在干什么呢？本来是出去旅行的，我怎么还在日本呢？取消住宿的费用，重新购买机票的费用，这次我花的钱多了去了，人生的起落也像这样吗？

一地游，如何
有效地利用时间

文 / 清水公和

想去的地方太多了，却没有假期，这难道不是海外旅行爱好者最大的烦恼吗？算来算去，能休息的日子只有年末年初、黄金周、暑假。有的人连这几个假期也休不了。当然，海外旅行也不是只有长假才能去。3天2夜、4天3夜就不用说了，如果真的很想出去，2天1夜的所谓"一地游"也可以考虑。

随着LCC路线的开发等，短期海外旅行越来越多，希望不能休较长假期的上班族能尝试并享受"一地游"。

根据在当地停留的时间来选择航班

计划"一地游"最重要的就是确定在当地停留的时间。同样都是3天2夜，晚上到、早上回的话，真正在当地停留的时间为一天多。而白天到、晚上回的话，在当地停留的时间则为整整两天。以周六、周日为例，按照"周五晚上19：00离开公司，周一早上9：00到公司"来算，总共有62小时的假期。如果周五下班后直接从公司去机场，乘坐夜航飞机离开，周六、周日可以玩整整两天，周日晚上再乘坐夜航飞机在周一早上到达羽田机场，然后从羽田机场直接回公司上班。长期旅行的人很多会尽可能地在"深夜到达一片未知的土地"，觉得这样很刺激。就一地游来说，飞机的起飞时间才是关键。海外短期旅行如果想玩得尽兴，就要以小时为单位来计算时间。不仅是飞机起飞的时间，休假时间也要换算成小时。如果直接在航空公司的网站上购买机票，可以自己指定航班时间。但是如果是参加旅行社的自由行，规划的重点就在于提前确定哪家航空公司的哪个航班。

如果是短线航空，早上出发，午后或深夜到达目的地的航班一般会贵一些，选择这样的航班可以让你在目的地多待一些时间。记住，能挑选出发时间的航班，票价会比最便宜的贵。

而购买最便宜的机票（时间不好），在目的地停留的时间又会少很多，玩得不尽兴。我还是建议大家用金钱换时间。

选择可以带进客舱的小型旅行箱

一地游的话，建议大家选择可以带进客舱的小型旅行箱。首先，一地游的时间很紧，在机场托运行李、取行李太耽误时间。为了节约时间，要以能带进客舱为置办行李的原则。那么，为什么推荐小型旅行箱而不推荐背包呢？这是因为一地游的旅行者在很多时候都需要将行李寄存在机场、火车站、巴士站、旅店前台。相比谁都可以轻松拉开的背包，带锁的小型旅行箱让人放心得多。

例如，假如你要乘坐深夜起飞的航班飞往东南亚，早上到达目的地，即使到了预订的旅店，也可能离办理入住的时间还早，进不了房间。这时，你可以将当天观光需要用的物品拿出来，把行李寄存在旅店前台，或者将行李寄存在火车站、巴士站的寄存处。回国那天也一样，在退房时间过后，将行李寄存在某个地方，再到街上玩到晚上。这样，你既要考虑寄存的安全性，又要考虑携带的方便性。这对一地游来说很重要。

回到国内后，你还会常常用到小型旅行箱。如果从海外旅行回来后直接到公司上班，将大件行李带到公司实在不好，特别是有些人不希望同事和上司知道自己出去旅行。而如果带的是小型旅行箱，就可以叫快递将箱子直接送回家。这样一来，就算刚出机场，你也能和平常一样去公司上班，这还免去了你在上班高峰期背着巨大的行李挤车随时看周围人脸色的麻烦。当然，你也可以反其道而行之。在出发前一天就叫快递将小型旅行箱送到机场，下班后再去机场取行李。如果是 JAL 或者 ANA，也可以将行李送到目的地机场，在机场的行李转盘领取行李。这样的话，你就不用在目的地机场等行李，能节约很多时间。这对从公司直接去机场的人来说非常方便。背包客的包也不是不能让快递送，只是没有小型旅行箱结实，也不像小型行李箱那样让人踏实。所以，我推荐一地游的人选择小型旅行箱。

节省时间的方法

对海外旅行来说，效率很重要，特别是在国内待出发时，效率甚至比在海外还重要。在海外时，可以靠自己的努力来缩短做某些事情的时间，但是飞机的起飞时间却不是靠你一己之力就能改变的。从公司去机场，紧巴巴地办理值机，或者回来时航班稍稍晚点无法准时到公司上班……都是一地游常见的问题。所以，在国内时就要注意节省时间。下面讲一讲我节约时间的方法，不仅适用于一地游，也适用于长期旅行。

近年来，几乎所有航空公司都引入了"线上 Check in"，这对一地游非常重要。办理"线上 Check in"后，条形码会自动发送到你的手机上，你可以自己去打印登机牌。如果不需要托运行李，到机场后不用去柜台，直接前往随身行李检查点就行。本来乘坐国际航线需提前 2 小时到机场几乎是"铁律"，但使用"线上 Check in"，再省去托运行李的时间，只要在登机前到达机场就行，这对时间紧张的人来说非常重要。而且，在线上办理植机还能挑选座位，包括靠通道、靠窗的位子，很方便一地游的人。因为一地游容不得耽误一点时间，选择靠前、靠通道的座位就可以在着陆后迅速地下飞机。

现在，各航空公司都在宣传"线上 Check in"并鼓励大家使用，有的公司还会为线上办理值机的人提供航空里程或者积分方面的优惠，不管是不是一地游都应充分利用。

你还可以节省花在出入境检查上的时间。日本的主要机场设有智能门，已经完成指纹登录的人，可以从类似火车站自动门那样的专用门通过，而不用排队等出入境检查。机场有专门用来录指纹的小屋，使用带 IC 芯片的护照就可以完成登录，很方便。在护照有效期内可以多次使用智能门，配合"线上 Check in"，真的可以踩着点到机场了。只是，考虑到错过航班是没有赔偿的，我不建议大家踩着点去机场。如果是航空里程高级会员，有优先检查行李的待遇，提前 1 小时到机场办出国手续绰绰有余，回国的时候也能走自动门。有的人一下飞机就要立即坐上 Skyliner，否则上班就会迟到，对这些人而言，这非常重要。如果对录指纹没有抵触，提前录一下会方便很多。

对上司和同事说？不说？

是否把海外旅行的事告诉上司和同事是很多人烦恼的事。万一在海外遇到什么大麻烦，和哪个同事说比较好呢？频繁地去国外去会招人嫉妒，考虑到这点，向周围的人隐瞒出去玩的事也是一种选择，相反，如果每次回来都给周围的人带当地土特产，和大家说"我用两天的时间去了一趟××"给大家惊喜，留下"旅行人物"的印象，也是一种方式。当然，也可能招来某些人的反感，但成为"旅行人物"后，请假旅行便容易了。在电梯里碰到上司，他可能会问"下次去哪里？"不妨像《钓鱼迷日记》中的主人公那样成为"旅行迷"。你也可以在休息日积极加班，换来调休连成连休，堂而皇之地出去门旅行。要当心的是，如果你"旅行人物"形象太深入人心，哪天真的生病了，大家也可能以为你假借病假出去玩。旅行者要注意身体健康啊。

再好的办法也要因人而异

按说只能用周末时间旅行的人最好指定出发的航班和返回的航班。但是如今的飞机运行时间变化很大，难免遇到航班取消或无法乘坐指定航班的情况，只能忍痛割爱了。而且大家的工作类型不同、旅行方式不同，实际上也不存在适合所有人的好办法。例如，如果你所在的公司允许半休，你选择航班的余地就大得多。如果你是可以灵活掌握工作时间的销售人员，你就能乘营业车直达机场，回国后可以从机场去自己想去的地方，而不是直接到公司。每个人都应根据自己的实际情况最大限度地享受海外旅行的乐趣。灵活运用上面讲到的各种省时间的方法，这些方法不但一地游时能用，GW 和暑假、年末年初放长假时也能用。

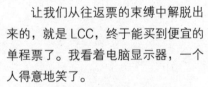

LCC 之旅，我们这个时代才能活用的机票

我经常乘坐 LCC 的飞机，它是我在亚洲活动不可缺少的"脚"。

不是说我有多喜欢 LCC，它实在是太便宜了，诱惑难以抵挡。飞机和旅行本身没什么太大关系，旅行者要求的不过是尽早赶到目的地，机票价格对旅行者选择航班影响最大。

20 世纪 90 年代席卷欧美的 LCC 浪潮，在 2000 年之后进入亚洲。我第一次打开 LCC 的网站时，高兴得几乎跳起来。之前只有买往返机票才

能享受打折，现在买单程票也可以了，真是太开心了。

此前，我基本上用的是单程的交通工具，从一个地方到另一个地方，长途巴士和火车都能买单程票，但飞机不同。日本的航空公司自成一体，以团体打折票为基础，机票基本是往返的。至于这些往返机票的价格，以日本为起点的往返票很接近世界标准票价。

让我们从往返票的束缚中解脱出来的，就是 LCC，终于能买到便宜的单程票了。我看着电脑显示器，一个人得意地笑了。

我的 LCC 之旅就从这里开始了。LCC 给了我很大的旅行动力，由于经常在亚洲各地徒步旅行，我成了 LCC 的忠实用户。

这样的旅行持续了一年、两年。

LCC 是一个充满竞争压力的航空公司群。不是 LCC 有意制造压力，而是其体系本身制造了压力，它让机

票变得便宜了。

和其他类型的机票相比，它的订票成本就很低，所有顾客都要在网上订票。

因为不设购票点，节省了一大笔费用，这便直接体现在机票价格上。此外，它减少了配套的服务，还降低了运费。

随着订LCC机票次数的增多，它给我的烦恼也在增多。在LCC，托运行李要收费、飞机餐要收费……它的机票确实便宜，而传统航空公司的机票，虽然贵些，却包含了行李托运费、餐费等。

也就是说，LCC将传统机票价格中包含的一些项目的价格，都分离了出来，且把这作为其廉价机票的基础。不过，就算需要为一些项目额外付钱，总的算下来，它仍然很划算（如果过于追求便宜的价格就会让人摇头了）。

不知道从什么时候开始，在查询LCC票价时，我也会查询同一线路传统航空公司的票价。传统航空公司也意识到了LCC的威胁，开始下调运费。

从曼谷到台湾时，我买了亚洲航空（属于LCC）的机票，传统航空公司China Airline由于正在促销，机票更便宜。最近，我注意到LCC和传统航空公司票价倒挂的现象。

是因为要让LCC最便宜的概念深入人心吗？LCC的机票通常是最便宜的，比传统航空公司常常便宜2000日元左右（约120元人民币）。这种时候，选哪家航空公司，就取决于你到底喜欢哪种机型，我对飞机的要求不高，多数时间会选择LCC。

LCC的航线每年，不，每月都在增加，真的势不可挡，流向航空界的资金都集中到LCC了吧。

LCC的飞机多为中型机，以飞中短距离航线为主。它不喜欢大型机场，

而喜欢地方的机场。对我这样的旅行者来说，这实在是大福音。

例如从曼谷飞香港，亚洲航空飞这个航线的机票虽然比传统航空公司的便宜，但也算不上真正的划算，因为这条航线的乘客较多。于是我又查了一下其他航班，发现亚洲航空还有澳门、深圳的航线，价格只有香港航线的一半左右。我想，要是以后能按时区来选机票就更好了。

最后，我预订了曼谷到澳门的单程机票，然后从澳门乘坐渡船到目的地香港。

离开香港的时候，我从香港乘巴士到深圳，因为从深圳飞曼谷的单程机票更划算。

将 LCC 和陆路交通组合，这是我偶然总结出的省钱秘诀。

由于 LCC 的航线大多数是中短距离的，跨大陆的、从中东到欧洲的都很少，所以，一家名为阿拉伯航空的 LCC 在中东、印度及中亚地区非常受欢迎。它的公司总部在阿联酋的沙迦，你可以以沙迦为中心飞往中亚各国，再从这些国家经陆路前往土耳其，然后在土耳其搭乘欧洲的 LCC。我曾经用这样的"陆空组合"完成旅行。

以 LCC 为中转进行旅行——可以让你将之前和你没什么缘分的小机场串联起来，完成一段旅行。我曾经在小到只有一间平房的航站楼办理手续。

第 **3** 章

旅行和停留的日子

（日常生活与出发旅行篇）

001 到达目的地第一天怎么过，才能避免晕头转向

初到一个城市，只有亲自走一遍才能体会到它的独特，才能了解它。但是在了解它之前，独自在当地旅行少不了遇到一些困难。特别是从一个国家到另一个国家，语言、货币都变了，你还对当地的治安情况一无所知，要面临一堆烦人的事情……无论如何都会感到压力，整天跑来跑去也会让你疲倦。所以旅行者都把到异地的第一天称为"鬼门"。

第一天怎么过，简单地用一句话概括，就是根据旅行时间的长短、方式和目的进行调整。待的时间长，第一天要找到住宿的地方，可以悠闲地过，也可以休息片刻便出去玩。没有提前预订旅店的人，第一天最重要的事就是找住处。住处是旅行者的大本营，非常重要，这个在后面会单独提到。重要的是，第一天就要开足马力。

不论是长期旅行还是短期旅行，第一天都必须完成一个"作业"。就是，在找到住处的情况下，熟悉当地的大致情况。如果事先没有收集过相关信息，就要尽快找到地图、公共交通线路图。你可以在机场、火车站、公交车站的游客服务中心找到它们，这是最简单的方法。如果是深夜到达，可以在公共交通开始运行前，利用等待的时间找这方面的资料，制定好旅行计划。

虽然预订好旅店，如果到得特别早，大部分时候是进不了房间的。你可以将行李先寄存在前台。一些小旅店可能会收行李寄存费，考虑到带着行李不方便，等待进房间又太浪费时间，不如就花点钱，将行李锁好寄存在前台，一身轻松地出去转一转。

◆ 第一天的建议

先找住宿	找到住处后再干其他事
找人聊天	如果住的是青年旅舍，可以和大家聊聊天；如果住单间，就不要找其他房客聊天了
立即逛景点	时间很可能会不够用，但性子急的话也没办法
报平安	通知国内的家人、朋友，你已经安全到达，和同伴保持联系也很重要
购买日用品	很多人都需要买卫生纸、牙膏等
看旅行攻略	掌握当地实际情况后，再将信息整理一下，也很重要
推敲旅行计划	多考虑考虑，但不要推翻整个计划
什么都不干	洗澡睡觉好好休息！这是适应当地环境的最好方法

拿着地图去逛街

如果觉得游客服务中心的免费地图不够详细，可以在当地的报刊亭购买你想要的地图，或者装成住在高级酒店里的客人，从门卫那里拿。在极少使用英语的国家，高级酒店的服务人员通常也是懂英语的。哪怕你不是酒店的客人，混进去，他们也大多能亲切地接待你。要注意，别因为人家无论如何都会亲切地对待你，就放松下来不分场合。首先，你的穿着要得体，言谈举止要合乎穿着——有钱人是不会打听市内公交线路的，住高级酒店的客人出门不坐公交。

看地图时，包括看旅游攻略上的地图，要注意它的比例尺。当地的占地面积不同，比例尺也不同，地图上看起来走着就能到的地方可能相当远，反之亦然。特别是旅游攻略，同一本书上的地图，每一个的比例尺可能都不一样，请一定注意。此外，有些地方的旧城区和新城区截然分开，你要提前搞清自己的目的地到底在什么位置，这非常重要。如果时间非常充裕，也可以在不大了解的情况下，随便出门走走。但如果是短期旅行，无目的乱走浪费的时间简直要命。谁都想早点出去玩，但提前摸清所在地的大致情况和交通线路，在制定出高效的计划后行动，会更节省时间。

住便宜旅店还是高级酒店

住得好不好直接关系到旅行是否成功，要根据预算和旅行的方式，选择住宿的地点。

在这方面，虽说每个旅行者都有自己的标准，却都少不了提前弄清住宿地的特点，再参照自己的情况挑选住宿设施。

酒店

从一晚数千元人民币的超高级酒店到一晚几百元人民币的小旅店都有，规格也有很大差异。通常，越高级的酒店，价格也越高，服务也越好。有的国家，有官方制定的星级制度，比如五星级酒店、三星级酒店等。各个国家的酒店评级标准不同，但一般三星级酒店的工作人员都会说英语，房间都可以在网上进行预订。

小旅店（Guesthouse）

小旅店大多是私人经营的，一层为旅行代理店或饭馆，二层以上的房间作为出租供旅行者居住。小旅店最大的特点就是都是单间，比酒店便宜。有的房间带卫生间、浴室，有的房间不带。不带卫生间、浴室的房间稍便宜一些。至于位置，和后面谈到的青年旅舍一样，大多位于交通方便的街道，或当地的"旅馆街"，周边有很多面向旅行者的饭馆、网吧、旅行代理店等。对旅行者来说，住这里反而比住酒店方便得多。

要注意的是，到不熟悉的地方住宿，要先看一看房间的情况。

看一看工作人员的言行举止有没有什么可疑的地方。价格要事先谈好，这点很重要。此外，开空调（冷气）、洗热水澡可能需要额外付费，要先问清楚住宿费包含哪些服务、不包含哪些，以免发生纠纷。

◆ 青年旅舍

青年旅舍里没有单人房间，每个房间里每人也只有一张床。不同的店情况不同，青年旅舍的房间大多为4~6人的规格。彼此陌生的人要一起生活一段时间，有的青年旅舍男女分开住，有的则是男女混住。

住在青年旅舍中，属于你的私人空间只有你自己的床，所以经常会碰到一些烦恼，比如被其他人的打鼾声、说话声吵得睡不着，比如同屋的人有体臭，到了睡觉关灯的时候偏偏有人说什么都不让关灯。所以，神经质的人、没有经验的人最好别住。当然，也有人认为青年旅舍有青年旅舍才有的乐趣，有人甚至沉迷于其中，认为住青年旅舍才算旅行。有兴趣的话，不妨住住青年旅舍，如果住不习惯，就换单间，特意出来旅行的，尝试一下就好。

旅行信息笔记

在欧美地区，还有露营者旅馆、完全靠捐款建立的旅馆，由天主教或者伊斯兰教人士经营的朝拜旅馆。中国的一些地区也出现了类似日本动漫茶馆的旅馆。

003 住旅馆的人应采取的安全措施

住青年旅舍，属于自己私人空间的只有自己的床，在这种情况下，为了安全，必须提高警惕，如行李管理等。有些旅馆的房间或公共区域有锁，有的没有，没有锁的地方只能靠大家彼此信任了。外出的时候就不用说了，即使睡觉，也要采取一些防范措施。

如果是背包旅行，至少用链子锁把包锁上，这认真采取防盗措施的态度就能让小偷放弃行动，最好采用稍大号的锁。也有旅行者认为这样做会让同屋的人觉得自己被怀疑，不想采取任何防盗措施。但是我还是建议大家给行李上锁，以防万一。如果真的因为不上锁，东西被偷，那同屋的人就都成了被怀疑的对象。所以，即便是出于礼貌，为别人的感受着想，也应该采取一定的安全措施。

睡觉的时候，最好将贵重物品贴身存放，比如装进小袋，挂在手腕或者脖子上。小偷要偷它们必然会牵动你的身体，把你惊醒。用了这个方法，贵重物品被偷的几率就下降了。贵重物品被偷是大事，而像放在公用冰箱里的饮料、食物被人随便吃掉喝掉之类的偷窃事件，在小旅馆就是家常便饭。随便吃喝别人的东西确实可恶，为减少这种情况，在将东西放进公用冰箱前，需要在东西上写上自己的名字。这也是住青年旅舍的原则。如果你没写，就算东西被随便吃掉、喝掉，甚至扔掉，你都怨不得别人。小旅馆有自己的规定，这也是为了避免大家麻烦，一定要遵守。

最近，给手机、数码相机充电引发的纠纷在增加。新建的旅馆在每个床位旁都安装了电源插座，类似的纠纷很少。在电子设备越来越多的时代，在青年旅舍中，电源争夺战越演越烈。此外，在投币式自助洗衣店，因为排队而发生的争执也频繁起来。旅馆内的纠纷无疑会影响住宿气氛，还会增加盗窃事件的发生概率。虽然没必要讨好谁或者说谁的坏话，但和周围人搞好关系，对安全是有益的。

因此，要尽量和其他的房客沟通。

你可以把土特产分给大家，结交朋友，而不要让自己处于孤立。万一遇到什么麻烦，也有人帮忙。同时，这还能让你的集体生活更有乐趣。即使你的英语很不好，初次和人见面，也最好报一下名字和国家，在电梯中或公共区域碰到其他房客也该打个招呼。这也是最基本的礼节，哪个青年旅舍都是这样。

旅店工作人员犯罪的情况时有发生。青年旅舍因为一个房间里往往有好几位住宿者，大家可以互相监督，这种情况比较少。大部分监守自盗都发生在单人房间，客人常因为住的是单间，而对贵重物品的保管放松警惕。于是，有的工作人员用备用钥匙开门盗窃，有的则从窗户进入房间偷东西。所以，不要把行李放在靠近窗户或者从门、窗一眼就能看见的地方，这一点也很重要。

此外，还要提防性侵。不仅女性，男性遭遇性侵的也不少。在印度等地，有人会借着问你"要按摩吗"的工夫，侵入你的房间。遇到这种情况，要用其他房客能听见的声音大声阻止。能说英语最好，周围的人能意识到你在求救。情急之下说母语也没关系，其他人听到了也能意识到发生了麻烦事，进而避免最坏的事情发生。但要注意避免对袭击者进行肢体上的攻击，以免给对方报复你的理由，或引发新的麻烦。

如果在住宿的地方遇到麻烦，最好当天晚上就换住处，最晚第二天早上也要换，这是铁一般的原则。有时候，被你激怒的人可能带同伙回来报复，即使已经提前交了几天的住宿费，出于安全考虑，也要换个地方住。就当是用金钱买安全好了。

融入新旅馆的方法

文 / 窪咲子

旅行者新到一个地方，谁都不认识，一方面因为新鲜而激动，一方面又因为对环境不熟悉而紧张。旅馆虽说是临时的居所，在这种情况下，也会被旅行者视为依靠。旅馆的工作人员会为你打开地图，亲切地告诉你只有当地人才知道的地道的饭馆、千万不能去的危险地带。每当回到旅店，你都应该立即告诉工作人员，你回来了。

独自旅行时，一旦想和人说话，我就住进青年旅舍，结交朋友。因为我是日本人，常有外国人和我搭话，要我教他们日语，或是给他们写几个汉字。我根本不用主动找别人搭话。

我把小旅馆的厨房当作首选的交流场所。为了节约开支，我从附近的超市购买蔬菜等食材，自己做饭吃。没想到，竟然以此为契机交到了很多朋友。来自世界各地的料理爱好者聚在一起，一起做家乡的美食，蔬菜的切法、米饭的做法都完全不同，非常有趣。在这当中，日本料理的人气相当高。我不过对方闻闻味道，做做手捏饭团，就和对方成为朋友。有时候，我们还举办聚会，一人做一道菜，然后大家围着大桌子品尝各国美食……围在一张桌子上吃饭，彼此的距离一下子近了，之后便有人提出一起行动"明天一起去观光吧"。对我来说，厨房是最好的约会场所。

当然对旅店的回忆并不都是美好的。在捷克的布拉格，和我住同一房间的是位西班牙美女。打一开始我就觉得她有点奇怪，她给人的亲切让人觉得有些不适，且还会对人做出过分的亲密行为。会不会因为她特别心地善良呢？不管了，就这样吧。几天之后，我突然发觉我晾在床栏上的内裤不见了！我们住的是女性专用的青年旅舍，男人是进不来的。我觉得很不可思议，就打开背包查看。打开背包的一瞬间，我看见了一条不属于我的丁字裤。我立即意识到这是她干的！这就好比足球场上交换球衣的仪式，只不过她交换的是内裤……不要以为住进女性专用的青年旅舍就安全了。入住青年旅舍，千万要注意偷窃问题。

旅行中的穿着打扮

文 / 山田静

前段时间，为了取材，我在曼谷的考山路待了一段时间，穿的是当地风格的棉布裤、凉拖和宽松的衬衫，就这样，在离开考山路的前一天，我出门买土特产，来到卖杂货的地方，店员竟然没过来招呼。

想起来，当时谁都没往我这边看。

环视四周才发现，是我自己的问题。我的衣服有问题。店员主动接待的都是化着妆、穿着整齐的客人。我只想着穿着凉拖走在热带地区刚被暴风雨打过的沙砾路上，一路啪嗒啪嗒地非常有趣，却忘记这家店接待的客人大多穿着有后跟的凉鞋。哎呀！糟了！从前，亚洲的一些发展中国家非常依赖背包客带来的旅游经济。但现在到日本购物的亚洲游客越来越有钱，也越来越多，很多国家的经济都有了很大的进步，一些大城市修建了大型购物中心，和东京差不多。当地的人也格外注重打扮，喜欢穿笔挺的服装，而不大热衷棉布裤、宽松衬衫和凉拖了。

我本想着来曼谷旅行，可以穿得随便一点。结果却对自己很不利，在历史较悠久的国家，"以衣取人"的习惯根深蒂固，曼谷还好，让人印象最深的是印度。其原有的种姓制度文化在其被英国殖民时代，增加了等级意识，人民开始用阶级区分人（不是歧视，这是社会正常运转所必需的）。各阶级最明显的区别就体现在服装上。

因为我们是外国人，进入高级酒店、饭店都不会被拒绝，但如果我们背着背包、穿着T恤和旅游鞋，服务员是不会领我们去好位子的。如果我们把背包换成旅行箱，穿有金银线的鞋子，系上蕾丝围巾，打扮漂亮，服务员就会立刻过来问"有什么需要帮忙的吗，女士？"效果惊人。

那么，什么样的衣着比较好呢？

在小旅店住，或者与人拼车、乘坐巴士进行长途旅行的时候，穿得宽松随意一点，不用说是没问题的。在容易被坏人盯上的地方，如贫民街，最好换上背包客的造型，但另一方面，也要准备出席比较正式的场合用的服饰：

亮闪闪的凉鞋（当地购买）；

轻飘飘的、看起来像薄天鹅绒一样的围巾；

若干能体现女性魅力的长裙（不易皱的材质更方便）；

非民族风格的闪亮饰品。

头发长了就剪成短发，女性味会更浓，可以的话，把指甲也装饰一下。到高级饭店、参加意料之外的晚会，这样打扮都没有问题。

男人呢，不用说穿T恤和短裤不是不行，实际上很多男人都这样走在大街上。但我还是建议带上一件西装衬衫（有领子的衬衫），在需要"稍正式一点"的时候能派上用场。

好马配好鞍。虽然有点麻烦，不同的穿着得到的服务完全不一样，意识到这一点，是不是觉得和玩游戏一样有趣。

没有旅行计划的人每天只遵循一日计划

有一种旅行者被称为"沉默型"，他们在一个城市里待几周甚至几个月，"One day one thing"每天只做一件事。

今天吃什么？他们可能会向旅店的工作人员或其他的旅行者打听，听取他们的建议，然后去找当地排名前三的餐馆。有时他们可能一整天只是洗洗衣服，悠闲地打发时间。他们在一个地方能待多长时间就待多长时间，慢慢地一个一个地逛观光景点，什么时候钱花光了，什么时候旅行就结束了。所以某些票价较高的景点，即使超级有名，他们也可能没去过。

其实，可以利用互联网查一查当地有哪些美食、不花钱也好玩的去处等。最近有一些旅行者会利用Twitter搜索当地的人，直接与他们交往，或者当一个沙发客，直接住到当地居民的家里。

虽然城市的规模有大有小，但大多数城市只要花两周左右就都能跑遍。如果两周后还想在这个地方待下去，可以从旅店搬出来，租一个短期公寓住下来。每天都把吃什么当成最重要的活动，时间长了就想换地方了。每天都送别的旅行者前往下一个目的地，会产生危机感。也有人单纯因为签证到期而不得不将这个城市甩在身后。滞留费用高的城市，仅仅是待下去就要花很多钱，所以这类旅行者往往聚集在物价较低的亚洲和南美洲，他们大多非常熟悉当地的情况，包括签证、交通等旅行信息。和他们见一见，交流一下是非常有用的（旅行秘诀）。

旅行中的重要法宝：自己做饭

文 / 山田静

如果你住的是带厨房的酒店、公寓式管理的大楼或寄宿在朋友家里，会有很多自己做饭的机会，做点什么好呢？

最受外国人欢迎的是又甜又咸的菜和红烧菜。几乎在任何国家都能买到酱油，用白糖和酱油将牛肉和洋葱煮成又甜又咸的仿鸡素烧，或者做一道红烧鸡，相信连孩子都会喜欢。如果有油炸豆腐，还可以加糖做成油炸豆腐饭卷（一些人不喜欢有白醋的饭，直接用白米饭做比较好）。

为了健康，也为了省钱，偶尔自己做做饭也不错。一个人旅行若常吃汉堡、小摊上的面条，最多一个月就会出现蔬菜摄入不足的问题。有厨房可用的话，不妨做做简单的炒蔬菜或者水煮蔬菜吃，可以去当地的菜市场买点面包，感受一下当地的生活气息。

和蔬菜沙拉相比，炒过或者煮过的蔬菜会让你吃得多一些，而且炒或煮出来的蔬菜卫生更让人放心。调味呢，有橄榄油和盐就足够了。如果有酱油的话，往白水煮过的蔬菜里放一点就很有味了。将蛋黄酱和酱油调成和风调味汁，蘸着吃白水煮的蔬菜也很美味。

还要向各位美食家推荐的是，不妨在各地市场看看当地的盐。喜马拉雅的岩盐、巴黎的海盐……当地的天然盐很多。即使过滤得不完美，有杂味，也别具风味。作为土特产送给喜欢做饭的人，对方一定会很高兴。

旅行中要吃好

吃也是旅行的魅力之一。从高级饭店到当地饭馆,有的旅行者就是以吃遍当地的味道作为自己的旅行目的的。每个人对味道的喜好都不一样,所以并不存在所有人都爱的菜谱。但是可以告诉大家一些寻找美食的秘诀。此外,还会和大家说一下避开问题餐馆的秘诀。因为在有些地方,选错餐馆可能造成食物中毒,避免去这样的餐馆。

选餐馆的标准之一就是看餐馆生意是否兴隆。生意兴隆的餐馆,还分外国旅行者光顾的多,还是本地人光顾的多这两种情况。外国旅行者光顾多的餐馆又分为亚洲旅行者光顾的多和欧美旅行者光顾的多这两种情况。本地人光顾的多的餐馆大多是好餐馆,价格也多半便宜。但是另一方面呢,卫生可能不那么让人放心,而且菜单可能只有当地文字。如果对卫生条件不放心,可以用消毒湿纸巾将餐具擦一擦。看不懂菜单的时候,如果有照片就指着照片点餐,没有照片的时候可以给店家看旅游书上介绍餐饮的那部分或者指着邻桌客人的食物来点餐。进入饭店的时候,先要将自己想吃的意思传达给对方。即使你不懂当地语言,点餐也不是那么难的事。

如果想找有英文菜单的餐馆,选择那种有很多外国旅行者就餐的店,大多能看到英文菜单。只不过,白人旅行者多的餐馆口味也偏白人口味,可能不那么适合亚洲人。同时,以我的经验,欧美背包客多的店,大多有Wi-Fi,想用智能手机查收邮件的话那可是个好去处。

旅游书和互联网上的评价也是选餐馆的依据之一。也有旅行者觉得这样的餐馆没意思而刻意避开,而且受日本人欢迎的店可能价格较高,但是味道、卫生大多让人放心。选择侨居当地的本国人常去的餐馆也是一个好办法。有些店是旅行者知道的,有些名店则只有当地人才知道。或者看看侨居的本国人的博客就可以找到它们。在收集跟美食有关的信息方面,我推荐多看看派到当地工作的人的妻子的博客。在标题为"××（城市名）育儿记"的博客中常常能看到"今天到××吃午餐"之类的内容。与吃有关的信息，还是要依靠女性来收集。在派驻人员妻子的博客中出现的店，费用可能超出预算，但是味道肯定值得期待。当你不知道怎么选店时，也可以用这个方法。

亚洲地区小摊多，可以很方便地解决吃饭问题。在欧美等小摊少的地区，解决吃饭问题的手段可能很有限，快餐是选择之一。如果入住的是带厨房的旅店的话，可以去超市买食材，自己做饭。在物价高的地方旅行，自己做饭也是有效的省钱方法……

实在为了吃饭而发愁，最好选择中餐、麦当劳、日本料理等自己早已习惯的。麦当劳可能有一些当地风味的产品。此外，汉堡的价格也可作为衡量当地物价的指标。

有人到了海外特意去一趟麦当劳，世界性的连锁店往往能反映当地国情，这也很有意思。在吃够当地的味道之后，不妨试一试当地的麦当劳。去中餐店吃饭，经营者是不是中国人很重要。非中国人经营的店，可能会把用开水溶化的大酱直接端出来。如果你能把它当成笑料一笑而过还好，如果在特别想吃中餐的时候却吃到这种东西，真的是欲哭无泪。

给背包客的世界美食

文 / 山田静

背包客，不能因为是背包客所以连饭钱也要节约。下面介绍一下值得推荐的世界背包客美食。

东南亚

无论怎么说都要推荐面。泰国的面摊会在透明的玻璃柜里摆放米粉、中式面条、粉丝，客人选好自己喜欢的面和菜码，放汤锅里煮一下，用桌子上摆的鱼露、醋、辣椒、白糖，就能调出一碗好味道。其中炒荞麦面、炒乌冬面都值得推荐。泰国北部、老挝的椰子风味的咖啡拉面、乌冬面也很受欢迎。

泰国的邻居越南是擅长米制面条——米粉的国家。当地的面也很丰富，加了油炸春卷的挂面、没有汁的荞麦面、加入各种会安名产的荞麦面等，不胜枚举。在马来西亚、新加坡，椰子咖啡面是必吃的。

整个东南亚地区，快餐面都是直接写在菜单上的，如 "noodle mama"（有汁的妈妈面）、"yam mama"（拌的妈妈面），在南方国度能吃到这样朴素的面真的很不错。

南亚

印度、斯里兰卡、孟加拉国、巴基斯坦都是咖喱国度，对我们这些外国人来说"吃什么都是咖喱味"。北印度的咖喱多用肉、豆、香料，是所谓的"印度咖喱"。西印度的多用豆，南印度的多用椰子，各具特色。细究起来还是很深奥的。吃咖喱吃腻了的时候，建议吃一吃手抓饭，有蔬菜、有肉的萨莫利适合在街角站着吃。就咖喱味而言，淡椰子风味的斯里兰卡咖喱很受亚洲人欢迎。

在受印度和中国影响较大的缅甸，咖喱和炒的食物比较多。在路边饭馆就能吃到好吃的饭菜。面馆里常见的有用鲶鱼等鱼类做成的调味汁汤面，椰子风味的面等。

还有很多少数民族饮食，一边吃

一边比较也很有意思。

东亚

东亚的韩国、日本，对中国人来说，吃面完全没问题。只不过我们中国人不大习惯一个人吃饭。特别是在一些地方，想一个人吃，就只好去做"面食""小吃"等近似于小吃店或者快餐店之类的地方。

中东

在也门和阿曼能吃到朴素的中东料理、整只山羊制作的料理、卡巴布等，无论哪一种都是游牧民族料理的代表。

在阿拉伯世界，说到美食之国要数黎巴嫩。香料味道突出的沙拉、用很多香草和奶酪做出来的肉和鱼、豆泥、奶汁烤茄子等，味道与食材变化丰富，让人吃也吃不够。

在土耳其，背包客最好的伙伴是卡巴布三明治和青花鱼三明治（夹入油炸青花鱼）。

而在也门等严格的伊斯兰教地区，就不要找喝酒的地方了，很少见到女性一个人去餐馆吃饭。单身女性旅行者最好在自己住的小旅店找男性和自己一起去。

中南美

墨西哥是美食之国，各地都有自己的名菜，即使在墨西哥长期住也吃不完。适合背包客的超级美食很丰富。卖玉米片的小吃店会出售玉米和奶酪制成的美食，卖Tacos的小摊也很多，还有很多可以一个人进去吃饭的、便宜的饭馆和咖啡馆。

中南美洲沿海地区常见的色比切（Ceviche）是用洋葱、辣椒、柠檬汁泡制的新鲜鱼贝制成的。阿根廷、秘鲁等畜牧业国家简直是肉的世界，有很多人会自己开火补充蔬菜。

非洲

原法国殖民地地区烹制的法国风味的美食有当地特色。在摩洛哥能吃到Fetta（摩洛哥式泡芙饼）、Tajin（肉菜混合炖的砂锅加馕饼）。埃及的通心粉（Koshari，库沙利）是将米、通心粉、豆类混在一起，浇上西红柿酱制成的，堪称背包客的超级美食。

世界很大，好吃的东西也很多，说也说不完。要想找又便宜又好吃的店，就找城市里面有很多人光顾的店。有人排队的店一定好吃，这是全世界通行的法则。

在海外购物的技巧

在海外，买东西必须砍价。在亚洲和中南美洲，背包客和店主的砍价大战愈演愈烈。在阿拉伯国家和印度等地，砍价是一种文化，外国旅行者是不可能占上风的。旅行中有各种需要砍价的情况，出租车费、住宿费、跟团游费都可以砍。有时觉得砍价和游戏一样好玩。但是在强买强卖的店家较多的国家，不少人都砍输了。学会讨价还价是旅行升级的第一步。首先要有自信，敢跟店家还价，这样才能减轻旅行的疲劳。

◆ 值得砍价还是不值得砍价

这是进入砍价阶段之前的事。本来没有必要砍价的，一不小心就被置于讨价还价的境地的情况也是有的。你只是看了一眼店里面的商品，店员就过来和你谈价，或者你压根没看一眼商品，店员就把你往店里拉，等等。

这种情况下，如果疏忽大意地开口谈价钱就中了对方的圈套了。本来没打算买的东西，因为你还价了，对方也同意了，常常就不得不买下来。为了避免这种糟糕的砍价发生，最重要的是表现出"不要"的意思。

这个办法不仅适用于买东西。在游览古迹时，有人主动上来要带你去看看什么，然后跟你讨导游费。多要钱的出租车也一样，包括被性侵也一样。明显地表达出"不"的意思，很多麻烦都能避免。

◆ 不急的砍价活动放在旅行的最后时刻进行

除了出租车费、住宿费这种必须即时处理的砍价之外，其他像购买土特产之类的不着急的砍价活动，不要一到某个地方就开始，要在自己对当地的物价有一定感觉之后、在就要离开当地时再进行，这是一个铁定原则。不了解当地物价就砍价买东西，事后发现还有更便宜的再后悔的事也是有的。因此，不妨先到市内的超市、市场转一转，了解当地物价后再去逛街，砍价，买东西。想"便宜点再买"的东西，最好在旅行的最后一天再买。

也可以在砍价之后，拿出比谈好的价格少一点的钱，跟对方说"这个国家的钱，我只有这么多了"作最后的讨价还价。砍价这事上，外国旅行者基本没有胜算的。可以把砍价、小小被宰看成旅途中的小节目来享受。话是这么说，但是每次都是自己一方完全败下阵也没意思，想办法动摇对方的心理防线，砍好价后再说"我就剩下这么点钱了"就是一种策略。此外，先按对方要价的十分之一砍，做出马上要扭头去隔壁那家店的样子等都是好办法。

为公司买东西，需要买很多时，可以先不告诉店家要买的数量，就一件物品的价格和对方商量，砍好价之后再说"我要得多，再便宜点。"如果对方不同意，你可以说"那我一个也不要了。"对卖方来说，本来能卖的东西没有卖掉，无疑是痛心的。创造一个让对方容易接受的情境是砍价的关键。

不过，也有旅行者因为砍价砍得过分而遭到暴力伤害。没有必要被宰，但是也一定不要过分强势地砍价。

◆ 不先出价是铁定的原则

在亚洲，在阿拉伯国家、印度等地，聚集着大量精明的商人。他们不跟买东西的人要价，而会反过来问对方"多少钱你才买？"和这样的卖家交手一定要注意。一不小心说出一个价格，对方就按这个价格把东西卖给你。如果不是特别想买的东西，当对方问"不买也行，喜欢哪一件啊"时，也要提高警惕。精明的商人会想办法让你把喜欢的东西买走。如果你会用当地的语言砍价，形势会对你更有利，因为在对方看来，连数字都不知道怎么数的外国旅行者，那还是很好欺负的。

在娱乐场所需要注意的事情

文 / RANBORUGINI TAKORA

　　在旅行时结识异性是件快乐的事。常常听到有人在回国后和旅行中结识的异性发展成恋人的，偶尔还会听说有人和旅行中结识的外国男性 / 女性结婚。但是，这也不是旅行者自己求来的，算不上意外的幸运。因为旅行的时间越长，旅行的人就越容易感到寂寞，特别是男性，也有人专门为寻欢才开始海外旅行。就这种人而言，什么"不知怎么脚就往某个地方走了"实在是诡辩。在这里，我就讲讲我见过和听过的"前车之鉴"，希望各位注意。

　　泰国和菲律宾有被叫作"Go Go Bar"的风俗店，店里的舞台上，会有许多年轻女子穿着性感的服装，随着快节奏的音乐翩翩起舞。店内多采用酒吧格局，客人可以在桌子边点喝的。如果喜欢台上的某个女孩，可以让服务生把她叫出来，坐到自己的身边说说话。说话的时候，不能自己一个人喝，也要给女孩子点上一杯。大

多数情况下，店内的女士饮品都比男士的价格高。因为里面包含了女孩的提成。也就是说，男性客人替女孩点的酒越多，女孩的收入就越高，这个店的销售额也越高。人们管这叫"Lady's Drink"，简称 LD，真是个绝妙的称呼。

　　两人说一会儿话，女孩可能会对男客人说："把我的朋友也叫来一起聊天好不好啊？"面对性感女郎提出的要求，"不"是无论如何都说不出口。"好啊"，男人们轻松地就答应了。于是，女孩冲着店里大声地喊："太高兴了！大家一起来喝一杯啊！"

　　男客人正想看她究竟对着哪个女孩喊，从店里面一下子跑过来将近 10 个女孩，将男客人围在中间。男客人已经来不及说是不是喜欢了。女孩子们也明白男客人的心情，纷纷拉着男客人的胳膊或肩膀，或者亲男客人的脸。在这期间，她们迅速地点饮品，啤酒、鸡尾酒瞬间就被端到了

男客人面前的桌子上。她们举起杯子"干杯！"就算一杯酒只要 200 日元（10 几元人民币），10 个人的酒钱也要 2000 多日元（100 多元人民币）。若每个人再续一杯，就是 4000 多日元（230 多元人民币）。特别厉害的女孩子能在 10 分钟左右的时间里喝 4~5 杯。一笔账算下来，轻轻松松就超过 1 万日元（约 600 元人民币）……本来只想稍稍放纵一下，结果几十分钟那么多钱就掏出去了，不是"干杯"而是"完败"。

基本上，不论男女，在国内没人缘的，不可能一出国就突然变得有人缘了。你在国内有人缘吗？

有一个都市传说是，华人圈子认为胖是有福有富的象征，胖人有人缘。最好问问那些一边拉着你的手一边说"我喜欢你这个类型"的女孩，当地有名的演员和歌手有哪些，然后问问她喜欢当中的哪一位，再用手机或平板电脑搜一下这个人的名字，你马上就能明白她说的是真是假。看看你自己和她喜欢的男艺人像不像。什么胖子、华人……都是"有钱人"的象征，是因为被认为"有钱"才受欢迎的。

女性夜游曼谷

文 / 西野風代

白天热得要死的曼谷到晚上才凉快一点，人也多起来。为女性介绍几种晚上的玩法，有适合没旅行经验的人的，也有适合有一定旅行经验的人的。

夜市

第一次到曼谷旅行的人也可以去夜市，曼谷的夜市很多，各具特色，让你可以在开放的环境中尽情购物。其中不能不去的是昭披耶河沿岸的河边夜市。当地人利用近一百年前的老建筑的独特风貌，设计了这个大型夜市。在这个夜市，土特产、时装、杂货、饮食一应俱全，各种商品琳琅满目，还可以欣赏到最新流行的爵士乐，你可以在这里度过一个快乐的夜晚。

想知道曼谷在流行什么，就去BTS暹罗火车站前的夜市。这个夜市一大半是卖女式服装、背包、饰品的露天店，从几十泰铢的小物件到一千泰铢的时装都有。

泰国年轻人喜欢去古典家具、杂货、怀旧老物件集中的火车市集。

迪斯科·酒吧·俱乐部

在曼谷，说起晚上出来玩，我首先想去的就是RCA。它在拉玛九世大街和培布利大街之间，那是迪斯科舞厅、俱乐部、酒吧，一间连着一间的"迪斯科街"。有的店会请当红DJ登台献艺或著名的音乐家举办音乐会，周末的夜晚，直到深夜都挤满了人。

要进入俱乐部，年龄必须在20岁以上。俱乐部门口会有专门的工作人员要求你出示ID（身份证明），所以去的时候别忘了带上护照。最具人气的俱乐部有Road bb、斯米陆等。此外，Life House 的科兹米库咖啡馆经常举办活动。

在旅行者常去的，中心部斯昆比托、托诺埃卡玛侬地区有很多新开的俱乐部，木族、浪楞、索尼库等，都是爱漂亮的人集中的地方。

在背包客的圣地——考山路，近年也有新俱乐部开业，吸引了泰国的年轻人。

再平民一些的迪斯科舞厅都在拉恰达匹瑟库大街上。如果想体会泰国味，建议去老店好莱坞阿瓦多。在体育馆那样的大屋子里有音乐会，歌舞表演等，内容丰富。越是深夜越热闹。

泰国人很喜欢又可以吃饭又可以看现场表演的小酒店。战胜纪念塔附近的萨库侬风、拉姆因托浪的帕金固托侬兹任何时候都满员。

楼顶酒吧

喜欢安静喝酒的人一定要去酒店的酒吧里坐一坐。特别是坐在高层建筑的楼顶上眺望城市的夜景，在曼谷最适合。

昭披耶河附近鲁布阿 63 层的西洛可就因为太有名而变成了旅游景点。市中心的话，我向大家推荐森塔拉固浪多 56 层的 Red Sky 酒吧。而在 2013 年开业的玛洛托·埃固折库提布·阿帕托门次·丝库恩比托顶楼的奥库打布，能充分享受酒的芬芳。

牛郎俱乐部

牛郎俱乐部大多隐藏在偏远的、郊外建筑物的地下，不容易找到。适合在泰国长住，而且会说泰国话的人晚上去玩。基本上都是从深夜开始营业，一直营业到天明。费用较高，费用主要是饮品费和给牛郎的小费。

泰国的牛郎没有日本的那么花哨，客人只是和牛郎一起喝酒、聊天、玩游戏、跳舞等，和 Go Go Boy（脱衣舞男）比起来，里面全是些男神级的人物。

无论怎么高兴都别忘记这是在外国，什么事都不能太过分。自己的身体要靠自己来爱惜，玩的时候，不能忘了这一点！

旅行和音乐

文／神田桂一

旅行伴着音乐，音乐伴着旅行，可以这么说吧。旅行和音乐是连在一起的。很久很久以前，有一个叫作 Soulseek 的非法 P2P 应用。我曾经通过 Soulseek 结识一个中国涩谷系音乐迷。她非常喜欢涩谷系的音乐，当被称为新涩谷系的追随者们的音乐出现时，她通过拥有新涩谷系作品音源的我下载了他们的作品数据。她住的地方，既不是在北京，也不是在上海，而是在广州。广州居然有日本涩谷系乐迷，这让我很吃惊，我就跑去和她见面了。见面时我才发现对方是一个可爱的女孩，真正的日本音乐迷，出乎我的意料。而且她竟然有下北泽 Mona Records 的自主合音，这可是日本人都没有的！顺便说一下，她在日本超大广告代理商的中国分公司工作，同时为中国的音乐杂志写一些日本音乐的文章。中日文化交流就是靠着这些草根的活动在支持。不只是广州，在北京、上海也有很多这样的人。日本呢？有一个就算不错了吧。到底还是中国，大呀。

我那些关于旅行和音乐的回忆，都是在旅行途中由音乐唤起的。为什么呢？在印度的小旅馆见到的弹奏塔布拉鼓的人，在摩洛哥见到的弹奏非洲鼓的几个日本人（非洲鼓是西非的一种乐器）。我喜欢在当地购买特别的乐器。啊，什么？我个人认为，西塔尔琴、非洲鼓、塔布拉鼓这三种乐器是旅行者（也只是在旅行途中）买得最多的乐器。然后，在长期旅行的时候，在住的地方练一练，再在晚上在旅店休息室里一边看着远方一边弹奏。虽然没有人听，但我并不在意。这些乐器让我觉得自己蛮厉害呢，只练习了不到一周的时间，便能弹出调调。现在回想这种情景，我会无奈地笑一笑。

回到日本后还继续练习的人，我要对你们表示赞赏。

靠社交网络发展的现代爱情故事

随着 Facebook 等社交网络的发展，旅行者交换联系方式的方法发生了剧烈的变化。

以前，在旅行中相遇的人大多让对方将联系方式写在自己的记事本上。但是现在，只需要登录 Facebook，将对方标记成朋友，回国后也能方便地和对方联系，非常简单。长期旅行互留联系方式的人，不少都是在某个地方结识的旅行者或朋友。旅行者之间的联系一目了然，回国后，很多旅行者还会举办被称为"××（城市名）会"的聚会。在记事本上写联系方式，回国后仍然保持联系的人也是有的，进入电子时代后，人与人的联系变得更加广泛、密切。

不要以为旅行者回国后仍然保持联系就全是好事，不用说，也有坏处。把带地址的照片发出去，可能会泄露自己的信息，在旅行地太过张扬也会招来不测。比如，将自己的账号随便告诉在旅行中结识的女性，然后突然有一天发现自己的账号信息被修改了。

在对别人的交友关系一目了然的同时，自己的交友关系也可能让人家一目了然，而且回国后，这个情况还会持续下去。

在网络时代的旅行中，人与人的关系越来越开放。相互交换 Facebook 账号已经保护不了太多的私人空间。所以最明智的做法是避免随便将账号告诉他人。

◆ 旅行中的爱情故事

旅行中有很多人发展成为恋人，可能是旅行中气氛变得更开放的原因。有时候，比在国内时更容易坠入情网。在旅行中相识、最后结婚的也不少。

旅行中的恋爱，最多的还是发生在旅行者之间。其中双方都是日本人为绝大多数。虽然日本女性和外国男性交往的例子也不少，但是日本男性的恋爱对象则全是日本女性。也就是说，期待着旅途中的爱情的日本男性旅行者，他们更容易将日本女性旅行者作为行动目标。旅行者和侨居当地的日本人恋爱的格外少。究其原因，是侨民之间的联系要紧密得多，短期停留的旅行者难以插进去。打工旅行、学习语言等也是一样，在小集团内部发生的恋爱比较多。和旅行者成为一对的比较少，而因为留学等长期停留的日本女性和当地人成为一对儿的比较多。希望找一个当地人，长期留在当地的女性比较多。日本男性旅行者当然就不可能成为她们考虑的对象。

也正是这个原因，对日本男性旅行者来说，最容易得手的就是日本女性旅行者。特别是在阿拉伯国家等日本女性容易遭受性侵害的地方。日本男性旅行者可以算是有力的依靠吧。如果在这种情况下能建立起依赖是会迅速加分的。即使两人不会发展成恋人，保护同为日本人的女性也是日本男人的责任。拿出绅士的风度，这才是最基本的。在崇尚 Ladies First（女士优先）的海外，如果做不到这一点，实在是羞耻。抛开恋爱的目的不说，对女性保持绅士风度完全是应该的。

在飞机机舱内保持绅士般的举止也很重要。自己将行李举上行李架就不用说了，如果旁边坐的是女性或者老年人，应该主动帮忙。空姐给你送饮料的时候，你要说"谢谢"。这样的男人，机舱服务员也会喜欢的。此外，借用毛毯后，还回去的时候一定要叠好，要提出什么要求的时候加上一句"一时没有也没关系"也会给自己加分不少的。当然，也不是说仅仅靠这些就能让机舱服务员坠入你的情网，但能和机舱服务员恋爱成功的人以上的事全部都会做。

山田 静
Shizuka Yamada

被定型的女性旅行中的恋爱

日本女性在旅行中受欢迎。

虽然有人反对，有人提出异议，但是这是真话。只是理由比各位日本男性想象的更为有趣。首先有以下几个前提。

▲ 清洁（没有生病）

▲ 没有宗教上的禁忌（不至于一约会就要结婚）

▲ 温顺（没有反对的）

▲ 清爽（即使穿得粗糙也漂亮）

▲ 不知怎么总是保持暧昧的笑容（感觉不会被拒绝）

▲ 肤色白

▲ 营养状况不错的样子

▲ 肌肤看起来柔软

简明扼要地讲，都是日本人的特点，减分的地方很少。日本女性看起来很可爱，稍稍流露要对方一起玩的意思，对方就会表示"只能去啦！"据说身材瘦小、眼睛水汪汪、卡通式的长相在法国一带具有破坏性的威力。

不用说，土特产店老板、导游等和外国人接触比较多的知道日本人总是笑眯眯的，英语不好。温顺是日本人的国民性，没有这一条就格外可怕。所以他们会一边打招呼一边看对方的样子。想玩的女性会做出表示，于是双方就有了一定的默契，结果就好说了。

不过在这里要讲清楚的是，有人觉得和男性一样，"肉食女子"不论在国内还是国外，到哪里都要"吃肉"，在海外更甚。但那样的女性，只有Wide Show、电视剧和妄想里才有，其他地方不存在。

"哎！但是我常常看到女背包客和白人、当地人在一起呀！"

我明白你的意思。日本人看到喜欢的女孩也不会张嘴的，而外国人只要稍稍有点看上眼就赶快和对方说。这就是差别。所以日本男人看到自己喜欢的女孩一定要张嘴说出来。外出旅行，人们大多会寻找一起吃饭、拼车的人，语言相通的日本男性当然会更受欢迎。后面的发展呢，就看两个人的感觉啦。

话说回来，女性在旅行中遇到的困扰多来自没怎么见过外国女人的乡村男人。某些文化背景下的男人，以前完全没有和家庭成员之外的女性有过直接接触，他们不知道"不认识的女人不能随便碰"。他们没有接受过这方面的教育，所以什么都不懂得克制，会在路上对从对面走过来的女性进行袭胸。只不过在路边和女性站着说过两句话，晚上就会寻到该女性住的小旅店来求婚。如笑话一般的事也经常发生。但是，对这种过于纯朴的接近（痴汉可不行啊），大部分女性都是一不留神被吓一跳，和对方成为一对儿的例子实在是寥寥无几。

有趣的是男女对恋爱的不同看法。

🎒 随着时代而改变的恋爱对象

日本女孩选择恋人的标准，实际上会随着时代的变化而发生改变。并非所有的女孩都这样，我听人谈起常常是旅行中发生的事。

● 背包客—黎明期（20 世纪 80 年代后半期）

受"深夜特快"的影响，女人们也出来旅行了。恋爱的对象散布在欧亚大陆，其中常常出现的是尼泊尔的登山导游——夏尔巴人和土耳其的伊斯坦布尔的绒线屋老板。前者靠喜马拉雅山中矫健行走的身姿，后者靠充满异国情调的面孔和口才深深地打动了女孩们的心。在旅途爱情还很少的时候，女孩们将夏尔巴人当作"命运之恋"带回日本，或者成为绒线屋老板的新娘，展开自己或喜或悲的爱情故事。

然后从这个时候开始，旅行地的痴汉就多了。这也是旅行者口口相传才得知的。如前面所说，在一些宗教戒律严格的地方，如巴基斯坦、伊朗等国家，女旅行者都穿上肥大的衬衫和短裤加以防备，但是仍然有日本女性被对方将长袖 T 恤拉起、确认两只手腕上的肌肉是什么样的，简直就是"牲畜"一样的对待。

另一个恋爱的热点是巴厘岛、泰国等世界顶级海滩的海滩男孩和酒店工作人员。这些人都是泡妞达人，跑到单身女旅行者的面前小声地说"我爱你"，很多女性都怀揣着山田泳美小说中那样的热带炫目恋爱之梦。

● 考山路兴盛期（20 世纪 90 年代）

20 世纪 90 年代，曼谷的旅馆街——考山路的规模扩大，背包客文化盛行起来，女人们的行动范围也扩大了，渐渐地听到恋爱的对象都变成了泰国警官。警察先生等于好人，日本人一直有这种认识。只是胡乱指一下路的警察问自己一句"那么，明天有空吗"，就心动了。警察的存在是一种冲击，日本人一不留神就坠入情网。

这个时候，民族特色的杂货铺繁荣的越南和摩洛哥也成为最受欢迎的旅行目的地。在这些地方，恋爱的对象最多为"摩洛哥的杂货店老板"。和土耳其的绒线屋老板一样，他们美味的茶、绝佳的口才无论是做买卖，还是结识女性都是优势。

● 世界遗产兴盛时的柬埔寨之恋（21世纪）

进入 2000 年之后，经济实力显著增强的亚洲，交通得到完善，和以前相比旅行更方便了。其中最具代表性的是柬埔寨的暹粒。从泰国曼谷走陆路，一伸腿就到了，不论怎么说都想看一看吴哥窟遗迹……很多女性都来到了这里。

来到这里和谁恋爱呢？导游、出租摩托车的司机。坐在摩托车的后座上，来一个遗迹一日游，怎么都有恋爱的感觉。如果导游再说一句"带你去看夕阳"，日落时分若见不到那个

人的话还会觉得很遗憾呢。这时也出现了很多流氓，他们抓住了想去遗迹观光的日本人的特性。我就曾在考山路碰到过一位要乘坐巴士去暹粒的女孩子。

她说，"想再确认一下对上次旅行中喜欢的那个他（摩托车司机）的感觉"。不知道之后怎么样了，没有消息。

● 周游世界的机票，靠 LCC 扩大的地球范围的恋爱

然后是现在。

在旅行的世界里，因为周游世界的机票的出现，因为 LCC 等便利的交通方式的大量出现，旅行者的活动范围又进一步扩大了。这样一来，恋爱也随之呈现出全球化的趋势。我也听说过关于马丘比丘遗址的日语导游等人气焦点的佳话。但是，最近从不止一位女性那里听到并留下深刻印象的是"老挝的僧人"。

在佛教之国老挝，早上僧人托钵的风景是非常有名的。

但有些僧人竟然随便玩弄女性，实在出人意料。

当然，玩弄女性是违背教义的，会被开除教籍（实际上真有人因此被开除教籍），其中好像就有到旅店中来的"能人"。

在宁静的佛教国度老挝，没有听说过这样那样的事。顺便说一句，同样为佛教之国的不丹，就常常有以旅行者为主角的恋爱故事传出来。

🎒 这样结束的旅行之恋

女性在旅行中邂逅爱情的故事，在世界各地都有发生，其中既有以喜剧结尾的，也有以悲剧结束的。特别是前面提到的，在旅行中结识的有可能是玩弄女性的流氓，若不幸遇到这类人，恋爱多会失败。

与此相反，如果随机地举例，当恋爱对象为越南人、加拿大人、中国人的话，普通的恋爱经过淡淡的经营，最后有很多都能结婚。其中成功的秘诀就不多说了。下面讲一讲失败的典型。

首先生活在山里的乡下人，虽然很多是纯朴的好人，一旦下山到城市里生活，会很难适应。而且他的亲戚通常也会过来一起生活，所以必须有和一个家族结婚的思想准备。女方要么改变自己的生活方式，到男方家和他们一起生活，否则就很难有结果。

城市里的男人和海滩边的男人都可能花心。因为见多了外国人也玩得多了，这样的事例也很多。

对方是旅行者的，也可能有问题。在旅行中一起行动的恋人很多，但是旅行结束之后就分手了，这种情况也很多。朝着同一个方向旅行的时候关系很好，旅行结束后两个人要面对面地生活还需要其他的思想准备。

在恋爱之国，如法国和意大利，当地人很喜欢日本女人。正如前面提到过的，偶尔会有麻烦，听说他们对日本女性抱有卡通人物式的幻想。如果认为男方还行，跟着去男方家里，才发现他的房间里全是有图案的、Cosplay 的衣服。如果双方的爱好相同，反倒好了，这难道不是命运中的相遇吗？

使用当地的手机（卡）

文 / KOJIMA SATOKO

长途旅行时，大家都使用什么样的通信方式呢？

用本国的手机（漫游）？还是租当地的手机？本国的手机虽然能用，但接收邮件、上网产生的费用一个比一个高。我想向大家推荐当地的手机（卡）。有人会想，说是这么说，要怎么办理海外手机卡呢？实际上，在日本以外的任何国家，任何人都可以直接购买预付费手机，而不需要签什么合同。

可以把手机分解成机身和 SIM 卡这两个部分，SIM 卡可以被看作手机的心脏。

除了少数国家之外，世界上大部分地区的手机都是可以换 SIM 卡的。

也就是说，在国外旅行时，你只需要一部可以更换 SIM 卡的手机和一张当地的 SIM 卡。

这样做的好处首先是便宜。虽然各国的具体情况不同，但使用这样的手机，和在日本国内使用手机的感觉差不多，你再也不用担心为接收信息支付高额的漫游费。

如果你的手机只是用来打电话和收发短信，可以花 2000 日元左右（约 120元人民币）买非智能手机。如果你打算长期待在海外，我还是推荐你买智能手机，即使智能机比较贵。现在智能手机在全世界都普及了。有了智能手机，就算没有电脑，你也可以很方便地通过Gmail、Facebook、Line、Skype 等和国内

的家人、朋友联系。

总之，打算去好几个国家的人只要有一部可以换 SIM 卡的手机，每到一个国家就买一张当地的 SIM 卡，就能瞬间让自己的手机变成当地手机！

想不到的是，手机已经在全世界普及了，就算在发展中国家，大一点的城市里也都有手机店，不用签约就能买到手机（裸机），大多时候，还能在同一家店买到预付费的 SIM 卡。只买 SIM 卡就更方便了，一些地摊都有出售。

利用互联网进行通信也有很多选择，哪一个比较好呢？我认为，后付费的比预付费的要好。

完全不用事后花高价，可以在便利店、露天小摊更换手机卡。

当初，我是在泰国的一个称为 MBK 的地方买了一部可以换 SIM 卡的 iPhone，然后带着它周游世界。各国的费用和通信速度都有差异。没有小卡的时候，我还自己剪过卡（现在人们大多是在店里面让人剪好），一直用到现在，没有特别明显的不方便。

一开始，我是因为想出去旅行时能与家人保持联系以求安心才带当地手机，以防情况紧急时 Wi-Fi 不通（就要用手机联系了）。

但是实际上，手机最有用的是能和在当地认识的好朋友时时联系。有困难的时候打电话找朋友帮助就更不用说了。

因为有了当地手机，还能接到突然打来的邀请电话"今天我在家里举办 Party，怎么样，过来吧？"如今，我的 iPhone 里面还保存着从亚洲到南美洲的很多朋友的联系方式，里面甚至还有非洲马赛人的电话号码。手机是难得的世界共通文化，大家也用手机来扩大自己的朋友圈吧！

摄影：牟鹏

邂逅和失去——旅途中的恋爱

文 / 西野風代

自从 7 年前在泰国小住后，我旅行的频率变多了，特别是去亚洲各地旅行的次数。

没当背包客的时候，我对亚洲各国也不熟悉，所以最开始，在观光地每每遇到出租车司机或卖土特产的小贩向我打招呼，我都一个劲地发慌。我的戒备心太强了，总担心被骗，没法好好应对。

所以，在旅途中恋爱什么的，我根本想都没想过。我在泰国时经常听说有人在普吉岛认识了海滩男孩，在攀牙岛的满月舞会认识了泰国男人，并和他们度过了美好的一夜等。我的朋友中也有和在离岛认识的泰国男子相爱、同居的。但是，直到今天，我仍然觉得这是不可思议的事。

要怎么了解在旅行中碰到的人呢？他可能是专门欺诈观光客的骗子，也可能是花花公子……我至今都没有跟谁约会过，仍然是一个孤寂的中年人。

不过，就算这样，我也有一想起来心就咚咚直跳的回忆。大概 10 年前，我在巴黎旅行，曾一个人去郊外观看马戏团表演。

我换了几次巴士，才到马戏团所在的地方。那里有一个广场，广场上有红色的帐篷。我还是小孩子时就想去马戏团看看。因为独自来到和城市有一定距离的地方，我有些得意，在马戏表演开始前就情绪高涨。

马戏团的表演很精彩，老虎表演、空中秋千、小丑表演都是保留节目，马戏团

特有的氛围将人带入梦一般的世界。这时，一个身材修长、长着胡须的男人吸引了我的目光。他是马戏团的团长，35 岁左右，双眼深邃。我突然觉得心被抓住了，一瞬间竟有点恍惚。

实际上，我是在辞职后，利用休息时间进行这次巴黎之旅的，我真的可以就这样向团长表白，跟马戏团走吗？我的幻想不断地膨胀，会不会有和在公司上班截然不同的、难以想象的精彩生活等着我呢？虽然我有不切实际的期待，但最终没有勇气跨出这一步，只是偷偷地给团长拍了一张照片，作为美好的回忆带了回来。

从以前到现在，我在旅途中怦然心动的事就这一件。我时常不经意地回忆起这件事，也会想象如果当时真的跟着马戏团走了，现在的我会过着怎样的人生呢？

旅行中的交通问题

旅行必然涉及交通。从一个城市到另一个城市的长距离交通，再到城市内的短距离交通，可以说交通就是旅行，交通方式直接关系着旅行的品质。

在城市间充当主角的交通工具是巴士和火车。根据地域的不同，有的地方以巴士为优先，另外一些地方则是火车更发达。在大力发展铁道网络建设的国家、旧宗主国作为殖民策略而修建铁路的国家，主要交通工具是火车，而其他国家则是以巴士作为长途交通的工具。在巴士和火车都有的情况下，巴士在价格和时间方面更有优势，而火车则能快速地从一个城市到另一个城市。而在高速铁路发达的欧洲，也有速达性超过巴士的火车，但是火车之旅基本上都是悠闲的。例如在美国有一条名为 Amtrak（美国全国铁路旅客公司）的铁路，除了东海岸的一部分和加利福尼亚州之外，大多数乘客都是铁路迷、退休老人，其他乘客都被灰狗巴士、中国旅游公司的旅游大巴抢走了。在国土广袤的美国，城市间交通的主角是飞机。

城市间交通以飞机为主角的国家只有美国。随着LCC的出现，城市间交通的势力版图在世界范围内发生的剧烈变化。东南亚、欧洲等地区LCC的变化情况最明显，只需要和巴士运费差不多的价钱，就能够乘飞机在城市之间飞来飞去。传统航空公司为了要和LCC竞争、也准备了与之抗衡的打折机票，巴士和火车也被迫打折。价格战对经营者来说可能无法忍受，但是对旅行者来说则是求之不得的好事。

穿越国境线

文 / KOJIMA SATOKO

"世界是连在一起的呀！"穿越国境线之后，我才真正体会到这一点。第一次穿越国境线时，我30岁。从泰国到柬埔寨，一步跨出去，就到了另一个国家，觉得很新鲜。还记得我当时是跳过去的。感觉就像从东京都进入了埼玉县似的，就越过了国境线。真的，世界真的是连在一起的。有很多人对越过国境线还有"可怕""恐怖"的想法，包括我自己原来也是这样。对于能坐飞机或坐船出海才能到达其他国家的日本人来说，这也可能是正常的感觉。那么穿越国境到底是怎么一回事呢？大概总结一下吧。

以我最初穿越的泰国和柬埔寨的国境线为例。

1. 从泰国乘坐巴士到柬埔寨边境；

2. 在泰国移民局柜台盖出境章；

3. 徒步走到柬埔寨移民局柜台；

4. 盖入境章（此时可以办理签证）；

5. 乘坐巴士、出租车等到达柬埔寨境内的目的地。

完成！就这样。

你有没有注意到呢，其实办理出入境手续的步骤没有任何差异，不同的只是你穿过国境线的方式。

之前，我的所有海外旅行都是"乘坐飞机飞越国境线"。

包括航空在内，穿越国境线共有陆路、海路、航空等3种方式，其中用时最短的是航空。

即便如此，我仍然强力推荐从陆路穿越国境线。理由有3个：

1. 便宜。

虽说最近有了LCC等廉价机票，但是不同的时间段，机票的价格差异还是很大。这种时候，陆路交通的价格优势就明显了。

2. 可以顺便看一看途中的城市。

如果不是跟团游，看到喜欢的城市可以自由地住下来。这可是个好机会，让你的旅行不仅限于"将目的地的风景拍进相机"，这是真正的背包客的旅行。

3. 你可以看到国境线两边的文化差异。

这是最重要的，城市的氛围、服装、语言、食物、货币，"隔着一条线"，全都变了。在这里能够感受到在日本难以体会到的文化冲击。

4. 用往返机票就能去很多国家。

从日本出发，最终回到日本。谁只要有一张这种机票，就能立即周游很多国家。这是最大的优点。

特别是可以和当地人进行交流，这也是魅力之一。一不留神迷路了，得到帮助，顺道去某个地方。这就是背包客比较好玩的一点。

国境线附近有市场的地方也是。顺便说一句，泰柬边境的油炸蚂蚱很美味。

穿越国境线的时候，要将窗户打开，感受一下在飞机上感受不到的风，用自己的眼睛、耳朵、鼻子感受穿越国境线的乐趣，这才是最高级的旅行。

贿赂

有些情况下一定不可以给贿赂，这是给全世界旅行者的忠告。

被要求行贿是让人头痛的事。大千世界，有的国家没有给小费的习惯，有的却有行贿受贿的习惯。如果说小费是善良老实的习惯的话，受贿就是丑陋卑劣的习惯。可能要求旅行者行贿的都有哪些地方呢？

一是中亚，其中尤其以吉尔吉斯斯坦、乌兹别克斯坦为多。2007年晚些时候，我从吉尔吉斯斯坦进入乌兹别克斯坦，从国境线附近的安集延市前往首都塔什干市的方向。从国境线开始，我和乌兹别克人合租一辆出租车向着首都开进。在阳光明媚的乌兹别克斯坦的山间道路上，一座一座乌兹别克斯坦式的建筑露出脸来，让人心情非常好。休息的时候在吃午餐的山口有一个叫恰依哈内的茶店。我坐在独特的室外矮饭桌上，看头戴充满异国风情的头巾的美女服务员前来服务。我们一边吃着中亚式拉面，一边

喝着当地的茶，乌兹别克 Style，堪称从来没有过的风情之旅。之后，我们高高兴兴地从山顶再度出发。

司机加快速度在国道上飞奔。突然，在路上看到了警察的身影，一个中年男人，戴着一顶前苏联图案的帽子。

"停下！帕斯帕路托！"

警察检查了所有人的帕斯帕路托（"护照"的俄语发音），然后向司机要钱。

"Money! Money!"

中年男人搓着拇指和食指，露出大胆无畏的笑，明目张胆地嚷着"Money"，索要贿赂。

这是乌兹别克斯坦的贿赂制度的洗礼吗？司机当然拒绝了。于是警察说要检查所有人的行李。讨厌的警察挥舞着警棍、催促着大家把行李搬出来。大家只能听从。于是，所有的行李从车尾的行李箱中被拉出来，扔在了外面。

"巴佳，鲁斯塔（行行好，让我们过去）！"

我们连声向他求情，求他让我们过去。

"你给司机交车费了吗？"

什么呀！警察有必要问这样的问题吗？

"如果没交的话，在这里等到明天吧。"

啊？交什么呀……谁会在这里等到明天呀！

警察的这个恐吓也太露骨了。让我们停车看大家有没有钱。司机有大家交的出租车费，所以不让司机走——就是这种老一套的手法。

正好我真的没有带钱（实际上我换了好多面值大的美钞藏在牛仔裤的口袋里。当然美钞的位置要保密），剩下的吉尔吉斯斯坦索姆也都换成了乌兹别克斯坦钱，所以我手里只有少量的当地货币。和司机约定的是到达首都塔什干之后用信用卡取钱付给他。司机也对警察讲了这个情况。

真是不可思议，托他的福，在确认我确实没有带钱之后，我立即被放走了。警察让我上其他乌兹别克斯坦人的车，允许我们朝着塔什干的方向开……在警察看来，一辆普通的乌兹别克斯坦人的车，不知道要开到哪里去，还带着一个外国人，到底想干什

么呢？一旦他发现这个外国人没有钱就立即放行，这看起来像小学生做的事。本来应该生气，却反而为他的可爱笑了……乌兹别克斯坦警察，挺逗的淘气鬼。

留在现场的其他人和司机怎么样了呢？不用说，全部人的行李都要被检查一遍，特别是能藏钱的地方，带的钱都要交出来。有的国家全国都存在这种事。很久以后回想起来，这些国家应该将这些不良问题解决掉。

其实，只要给他们一万索姆的贿赂，他们就非常高兴了。如果特意将问题搞大，也很傻。但是，也不能马上就给。否则他们会要求再给一万，再给一万，逐步升级。其他的工作人员也会出来索要。我曾见过有人带几百张纸币也不够发。

乌兹别克斯坦纸币的最大面值是1000索姆，相当于3元人民币。1万1捆有点厚了，如果带上相当于1万日元（约600元人民币）的索姆，

就要带近 200 张的钞票，这么多的钱怎么藏，一旦碰到行李检查，藏钱的地方肯定会被发现的。权力在头顶上挥舞，普通旅行者在这样的国家一定能体会到。我曾听说有女孩发挥女性优势，哭着让对方释放自己，好多人把这当成笑话（实际上这是真的，女主角确实真有其人，她是一个女背包客）。

最好将百元美钞藏几张在身上带进这个国家。因为这样一来钱的体积小，不容易暴露。在这片区域、在这样有贿赂传统的国家，各位可以根据实际的情况，确定藏纸币的地方。

上面讲的是乌兹别克斯坦的事。在没有这类贿赂情况的环境下生活的日本人，一开始谁都不想给这个钱。

但事实上，有些时候还是给钱的好。因为不给的话，可能就得不到入境许可，可能不被允许登机，可能护照被收走而不能出境，最严重时可能被抓进监狱（进监狱的可是我们自己哟）。

根据我的经验，越是贫困国家，贿赂现象越严重。所以，要分析状况。前往曾经有人遭遇惨痛的地方，只能做好行贿的思想准备。

可悲的是，在赤道几内亚、尼日利亚等国家，办理签证的大使馆是将贿赂加在签证费上，强制收取的。有这个习惯的还有委内瑞拉、圭亚那、非洲西海岸的一些国家。

已经特意走到国境边来了，因为不愿意行贿而打道回府，即使不能上

飞机也不给钱，最后被抓进监狱、被拒签……我在刚果曾被真警察抓进监狱，被殴打，被监禁将近 10 天。在本书中讲一讲对贿赂的对策。

被抓进监狱之后，如果想吃囚犯的高价饭的话，交钱！虽然不是伊斯兰教徒，那天晚上我却断食了……一顿饭 5 美元……交钱，当时身上带的 500 美元都交光了，一日三餐吃的是鬼都吃不下的高价饭。一个多月后全部财产都被收回、被赶出，这也是当然的。

这么看来，说不定即使断食也不交钱倒更好。那么，交钱的标准是什么呢？判断起来很难。对这个问题，我想听听专家的意见。

我从出生以来，第一次向一个黑人要东西吃。有一个穿制服的警察看我可怜吧，切了一片面包给我……哎！被强权束缚的人真是可悲呀……

我绝对没有希望大家进一次监狱的意思。在某种意义上，在奴隶制度早就消失得无影无踪的现代社会，像奴隶那样、没有任何罪名却被抓进监狱的经历，现在想起来算是宝贵的经验。废除种族隔离制度的南非人纳尔逊·曼德拉也曾有被关进监狱的经历。一度被无故关进监狱的经历，也能转换成一种力量。如果在生命中能体验一次，会使人变得更强大。

顺便说一下，西非的马赛克国境线一条接着一条，堪称拒绝贿赂的国际线的阅兵场。在塞内加尔和冈比亚的国境线上，工作人员以一贯的生硬表情、坚决拒收贿赂的样子检查完护照之后说：

"有问题！掏钱！"

有问题？要钱、要东西是他们常用的手段，想到他们已经向外国人收取过观光税、出境税，我反问他有什么问题。那个一脸贪婪的、身强力壮的塞内加尔边境警察不慌不忙地说：

"My breakfast（我的早餐）。"

这是说的什么……

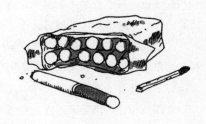

海外旅行中的现金兑换问题

没有信用卡就无法到海外旅行，这么说一点都不过分。在海外旅行，有些地方你只能用信用卡。有信用卡，你可以在网上购买机票，还能买E机票（电子机票）。订旅店的时候，如果是在网上预订的，即使打算付现金，也需要录入信用卡号码作为信用保证。在国内完全不用信用卡、不喜欢借钱的人，为了海外旅行的顺利，也有必要准备一张信用卡。另外，进行长期旅行，说不好会不会遇到偷盗或其他什么意外情况，要多带几张不同的卡才放心。有的卡能累积航空里程、附带条件优厚的保险。所以信用卡用好了是能节省旅费的。

和现金相比，信用卡的优点在于兑换货币的手续费比现金低、能在一定程度上以防万一。即使被盗，也不用太担心，只要打一个电话就能将卡冻结，避免损失扩大。有的信用卡还能在旅行地补办，哪怕现金全都被盗，也不至于终止旅行。这点相当重要。当然，也有可能发生被盗刷的情况，所以要经常查看明细，只要发现被盗刷就立即和发卡公司联系，一定要注意。为了在规定时间内办好手续，可以在网上查看手续细则，也可以让国内的家人帮忙。此外，确认信用卡的额度也很重要。用信用卡买机票，如果额度比较小，可能会出现超出额度而导致信用卡无法使用的情况。总之，在海外旅行，要常和发卡公司联系。

临时调高信用卡额度。如果打算进行高额支付，可提前申请调高额度。

不过，信用卡不是万能的。如果小额支付也一次一次地刷信用卡，会发现签字也很麻烦。有的国家在刷信用卡时还要求你出示护照，所以也不是买什么都要刷卡。而且，在个人经营的小旅店、小摊上刷卡需要交纳百分之多少的手续费或者多少钱以下（低于多少钱）不能刷卡的情况也是有的。

信用卡是必须要有的，但是也不是说有信用卡就能解决一切问题。信用卡可覆盖的范围不论多大，你经济的基础还是现金。那么，怎样兑换当地货币比较好呢？在机场、银行兑换货币是最基本的、也是最简单的，不方便的地方在于汇率不划算的情况不少，而且携带大量现金走来走去也不安全，容易被盗。因此，最近的趋势是利用国际现金提取卡和信用卡取现功能，在当地的 ATM 机上取现金。这样做的优点是：汇率比两种现金之间的兑换低、需要的时候可以要多少取多少，将被盗时的损失控制在最低。长期旅行的人几乎都会选择其中一种或者两种，这种用卡方式非常普遍。

有的国家可能没有对应的 ATM 机，也有在大城市可以用但是在中、小城市不能用的情况。如果不带一点现金，在旅行中就可能出现在某个时候身上一分钱都拿不出的窘境。即使汇率不划算，即使有被盗的危险，还是需要带一些现金在身上。而在现金中，最可靠的是美元。用美元，在世界任何地方都能兑换成其他货币。美元的能量毕竟大，即使在古巴、朝鲜这种与美国敌对的国家，美元也能流通。

如果把钱换成美元，再由美元换成其他货币，就需要交两次手续费。这在汇率上是不划算的。所以最好的办法是准备一点美元以备不时之需。然而，在欧洲，欧元、英镑、瑞士克朗等也完全通用，所以到海外旅行时，也不是什么都得用美元了。

每个人喜欢的带钱的方式各种各样，短期旅行和长期旅行适合的方式也不一样。只选其中某一种方式都不太好。要考虑到卡被盗、卡不能用的情况，多一种方式或几种方式带钱，才能避免危险。

010 应该在什么时候调整旅行路线

长期旅行的大多数人都不会制定详细的路线和日程。虽然也有完全制定好详细日程、有计划旅行的人，但实际上旅行中一定有不确定因素。交通工具晚点、生病、被偷盗等麻烦就不用说了，听别的旅行者说什么地方好就急着去看看、碰到有魅力的异性旅行者并坠入情网，各种各样的原因导致事先制定的计划被打乱。如果是一周左右的短期旅行的话，有可能按照事前制定的日程完成。长期旅行的话，制定日程时就必须留有余地。

长期旅行者分为两种，一种是在某个城市住下去的（沉浸型），另一种是在几个城市之间跑的（加料斗型）。

不能简单地说谁好谁不好，这只是个人爱好不同的问题。有时也可能两种人混在一起、对立统一。旅行的方式也是多种多样的。沉浸型旅行者频繁地见到从一个城市跑到另一个城市的旅行者可能会产生"差不多了，我必须换个地方了"的危机感。而加

料斗型的人也可能会想"今天哪儿也不去了"。

近年来，也有人在每个大陆或者地区以某个地方为大本营，利用LCC从大本营城市往周围做放射状的小旅行，然后再回到大本营城市。这是两者兼而有之的类型。虽然每返回一次大本营城市会增加跑来跑去的次数，花费很多时间，但是在出发之前只需确定大陆之间的交通和回国的航班，其他都可以不确定，所以很适合事前准备时间短、不能提前制定十分详细的计划的人。而且签证的手续也可以到作为大本营的城市一并办理。在等待签证的日子里，可以一边在熟悉的城市里休息，一边悠闲地度过每一天。

世界上最具人气的扑克游戏——德州扑克

文 / BUROGANBURANOBUKI

有很多人喜欢玩卡片游戏，其中最具代表性的是扑克游戏。

扑克游戏有很多很多种类。日本人最熟悉的是，每人拿五张牌，经过多次换牌，完成。但是这在现在的博彩业中，是已经被废弃的、过时的游戏。博彩业中最重要的是很多人能一起玩、重运气的游戏。

人数多呢，容易有好运气，钱容易流动。流动的钱多呢，一部分成为场地费，赌场容易征收。重运气，赌徒便有可能大赌。

有一种游戏最近人气爆发。如今在这个世界上一说扑克游戏就一定是"德州扑克"，这已经成为博彩业的"世界标准"。我最初见到这种扑克游戏的时候，不知道它的名字、规则，没办法就试了试。因为这是一种运气性强的游戏，真没觉得好玩。

但是我决定继续玩。

虽然不好玩、不喜欢，而我喜欢或者讨厌这种扑克游戏都不重要。对专业人员来说，是不是能挣钱才重要。

这种扑克游戏不是靠技术而是靠运气，没有玩过的人也很容易赢。

实际上2003年的世界德州扑克大赛，就有新手参加。只在线上玩过一点点扑克游戏的新人，一个初入博彩行业的税务系男子成了冠军。当时体育频道向全世界做了报道，所以这款扑克游戏人气爆发。

在人气爆发之前，世界德州扑克大赛的奖金为1亿日元（约合607万元人民币），新手的胜利使全世界的人开始认真考虑"我自己也能赢吧"。因此，其奖金也直线上升到10亿日元（约合6075万元人民币）。

这项我最初不喜欢的游戏在全世界人气大涨，对我来说，是超幸运的。

为什么呢？因为世界各地的博彩场地已经变成了我的办公室。

拜它所赐，我才能够在世界上82个国家周游和工作。

在我的记忆中，我曾去其中50个国家的博彩场地工作。这种扑克游戏并不是在所有博彩场都普及，我也不是在哪里都能轻易取胜。实际上，有的博彩场地中也没有扑克游戏室。

即便如此，我也能一边赢扑克牌一边旅行，这种和游戏的约会也支撑了我的旅行。

TRAVELER'S MEMORY

[016]

周游世界
博客的功与罪

文 / MASAKI

我从 2006 年开始参加"周游世界博客排行榜"，排名一直保持在第 150 名左右，但是一次也没有拿到第一名。我的博客得到一部分奇特的读者的支持，不到 10000 人。有时，我的博客会火，不，是大火。以在旅行地发生的事件为话题的报道上传之后，就会有不知道从什么地方来的反对意见出现，因此访问数量急剧上升，呈现要胀破的状态。是好还是坏，我不太明白（我这个当事人没有办法）。

虽然也有这种大火的情况，但是如字面所示，这类博客主要记录了周游世界的见闻。因此，"周游世界博客排行榜"又起到了博客大集合的作用。在网上检索"周游世界博客排行榜"就能看到无数的排行榜网站。

登录旅行博客点击博客上设置的按钮就能加点。各种各样主题博客的排行榜，是按照获得点数的多少顺序排列的。

"周游世界博客排行榜"是目前登录者最多的。2006 年的时候还只有 100 人左右，到 2013 年则有 2000 名周游世界的旅行者登录，并 24 小时全天候、随时随地的上传旅行当地的游记。因为地球是一个球体，在自转、有时差，旅行者在一天的旅行结束之后，随时从旅行地发表游记，某人在登马丘比丘，某人在曼谷被人下了安眠药之后被盗，谁到达好望角、谁被阿拉伯人求婚、谁在恒河中游泳、谁穿绿色的袜子等。

这个奇妙的旅行者博客排行榜，24 小时不断循环并已经持续了很多年。

"这个饭店，口关（有名的博客作者）推荐过的，去哟。"

"今天 MAYI（有名的旅行者）去马丘比丘。"

它将素未谋面的某人的旅行作为话题，与在旅店中住宿的旅行者交谈。到这里已经周游世界一圈了（说的是我吧）！在世界的某个地方，通过电脑、看别人怎么旅行的奇妙的旅行者（说的是我吧），奇妙的世界就在那里。

一边参考其他旅行者提供的信息、一边旅行的时代已经到来。20世纪90年代的旅行者无论如何都想不到现在的旅行信息能如此快速、即时地发布。可能只有现在的旅行者才能理解。是的，"周游世界"这个词，怎么想都是最近才出现的新词。

可以读取现在的世界

"周游世界"这个关键词将亚洲、美洲、欧洲、非洲及其他地区全部包括在内，非常的便利。只要看一看"周游世界博客排行榜"中的博客，全世界各大陆的"现在"都随时有人在投稿。在当地投稿的旅行者和想收集世界各地的信息的人，双方很合理地组成一个互动体系。

"周游世界博客"的好处还有很多，它不仅仅给你写博客、看博客的乐趣，随着SNS的普及，你可以配合Facebook、Twitter、Line等使用它，很容易了解到下一步想去的国家或地区的签证、住宿、交通信息。如果有人正在附近旅行，还可以和他相约一起住、一起走，找到足够多的人还可以自己组织一个便宜的短期旅游团。叙利亚、埃及发生动荡的时候，我就从附近的人那里及时地得到了消息。

现在去能不能拿到签证、在哪个国家办签证更快更便宜、当地的治安状况、交通状况、又便宜又好吃的饭店和舒适的旅店的信息、现在哪家日本人旅店有美女（这是福利）等，什么信息都能共享。在埃塞俄比亚的时候，我曾向肯尼亚的"世界步行者"打听内罗毕有没有美女背包客南下的消息。"世界步行者"告诉我说，正好有一位干净、清爽的日本美女旅行者一个人从亚的斯亚贝巴出发南下。"世界旅行者"为了她，已经在内罗毕等了一个多月。但是这个预订南下的美女旅行者在途中改变计划，在登完乞力马扎罗山后没去内罗毕，而是直接去南非了。

博客的展开

"世界旅行者"因为信息的偏差而白等了一个多月，也是无奈。通过看博客了解各地旅行者动态的人是不是也有同样的经验？这种事情对周游世界的男人来说也是一种乐趣。女人也是，如果知道男神马上要来到自己住的旅店是不是也会激动得心扑通扑通直跳呢？只能说互联网的进步真的太厉害了。不只是旅行的信息，旅行之中的大事小事都能通过互联网进行信息交换。

2013年4月中旬，我住在古巴

首都哈瓦那的一个旅店中。这个名为卡皮托利奥之家的旅店在日本旅行者中也很有名，床位永远都被日本或者韩国旅行者占着。旅店位于国会大厦附近，各种旅行者都有。古巴的互联网不好用，在古巴，互联网还没有普及，网速慢、网费高，每小时6~8美元（2013年）。在这个国家的青年旅舍，我们无法及时收到日本的信息，很多人懒怠地过着日子。在悠闲地过了一天又一天后，一个男人走进青年旅舍的房间里，那是一位服装整洁、皮肤黝黑的男人，年龄在35岁左右。他一进入青年旅舍就问：

"一周中吗？世界一周中吗？"

"一周中"……那个黑皮肤男人在青年旅舍中寻找着空床，将背包放在空床上，开始谈论周游世界的话题。听到"周游世界"这个词，我就知道这人一定在参加博客投稿。一问他，果然不出所料，他在写博客，是对旅行信息了解得很详细的旅行者。他当场就打开电脑，看自己的博客该在哪里继续下去。

"这个旅店不能上网哟。古巴的上网费贵，我到古巴之后一次也没上过网哟。信息笔记却还很充实。"

男子一边做出一副遗憾的样子，一边往床上坐。

与之形成鲜明对比的是，在古巴的、特别是在这个旅店的人，大半是不知道日本情况的旅行者。这个很有意思。在这个信息过剩的时代，在世界任何旅店都能从博客上得到信息，在古巴却行不通。

在这个国家，从写博客的旅行者那里得到的，也只是模糊的信息。很多先来的旅行者为了给后来的旅行者提供信息而写信息笔记。在世界其他地方正在消失的信息笔记，在古巴这种无法从网上获得信息的地方，倒是颇为流行。

那位写博客的旅行者本来也是经常接触信息的旅行者吧。来古巴之后，除了之前从电脑上得到的信息外，就只能从别人口中听到了。在这个国家，不能体验信息爆炸，但能体验旧时代的风貌。在古巴可以体验还没有互联网的时代，这也很新鲜。体会这种新鲜感，才知道这个时代的自己和别人是如何依靠网上的信息而活着。在哈瓦那市中心有一幅切·格瓦拉的肖像画，夜晚昏暗的灯光下，他的脸上似乎充满了对贯彻执行社会主义路线的古巴政策的满满喜悦。他的旁边是古巴革命的实行者卡斯特罗的肖像，也有灯光照明。没有互联网的国家，看起来简单、安静，夜晚的革命广场简单、朴素，还有迷幻色彩。

是"周游世界博客"的罪吗

下面讲一讲"周游世界"不好的地方。我真的不想说不好的事，但是为了让现在想出去旅行的、想从博客里收集信息的人早一点知道，下面要讲一个事例。博客很方便，但也有对你不利的地方。听说过达比罗克夫妇的事吗？那也是一对参加"周游世界博客排行榜"的旅行者夫妇。我曾有幸和他们见过面。两人因为得了疟疾而去世。这就是达比罗克事件。实际上他们曾通过博客、在上万人都能看得到的Twitter上发出过SOS（求救）信号。

那一天，两个患疟疾的人（达比罗克夫妇）从非洲大陆来到南美的玻利维亚。大家都知道疟疾有潜伏期，经过一段时间后才开始出现症状。如果不吃药，人就会死。两人到达玻利维亚的高地拉巴斯后，在博客中写下了在这里度过的快乐的每一天。拉巴斯是以世界最高首都而著称的，物价便宜、风景独特，是能够感受到印第安文明的南美城市。偶尔看博客的我们也被这些文字所欺骗，他们在Twitter中写道"可能是在感冒""头疼"，他们以为自己患的是高原反应或者疲劳导致的感冒。为什么这时没有人对他们说"马上去医院……"本来一句话就可以挽救

两个人的生命，想起来让人心痛。

那一天，我正在南非的约翰内斯堡，也是通过互联网看到了两人去世的讣告。在"博客排行榜"上看到大量关于达比罗克之死的报道。他们的死是"周游世界博客"导致的悲剧。妻子古丝卡在头疼、乏力的时候还在房间中用电脑发出求救信号的。

"头痛，动不了……是感冒吗？还是高原反应？没关系，没关系。"

既是寄托又是负担

一边鼓励自己、一边得到读者的肯定，不得不承认，这种集群心理是"周游世界博客"这个信息渠道给读者带来的错误共感，这是它的问题所在。

如果没有博客、Twitter的话，就不会写"多么美好"，就不会逃避现实而是直接去医院了吧。如果是一个人的话，更是如此吧。夫妻二人进入那个旅店房间，感到病情严重，却没有立即就去医院。难道是本来想去医院，但却没有钱了吗？两个人确实没钱。记得他俩在伦敦时，出去吃晚饭也要找便宜的店。结果他们在中国人开的店里吃了拉面。没钱还要继续旅行，很有可能是因为已经在博客中说过要周游世界一周，不得不继续。无论如何，博客是他们心灵的寄托，

同时也是一个负担。

为什么这么简单的事也没想到，没实施呢？因为看博客的人、与他们交流的人都说"没关系，没关系。"

谁也没有强硬地说立即去医院……这就是从博客中产生的错误集群心理所涉及的现代病。

虽然发生了这样的事，虽然对写博客这事有人赞成也有人反对，但是我还是想建议大家写博客。该注意的地方多加注意，根据自己的想法写博客的话，其积极的影响还是非常大的。作为自己的记录也非常方便。长途旅行的时候，不管怎么讲，和国内的熟人、碰到的旅行者都有距离。

让你能给所有这些人发送照片、视频等信息的也只有互联网。（虽然也能写信，但是已经落后于时代了）。一边做长期的旅行，一边和所有碰到的人用模拟的方法保持联系也是不可能的。从这个意义上讲，博客对我来说绝对是不可少的。什么都不想，逃避现实的人可能会觉得写博客什么的太麻烦，那就不写好了。如果是带着目的的人，建议你写一写博客，当作记录或者感想，特别是长时间旅行的时候，大多数人几乎没有时间写博客。这些人也没有必要勉强自己。根据自

己的旅行类型来决定。如果对自己好，就写。如果不喜欢了，就停止也行。全部都由自己决定。

学会正确利用博客的方法

这个时代，很容易就能周游世界一圈。第一次到海外旅行就想看遍全大陆的话，只需要 10 万日元（约 6000 元人民币）就可以。没有做好充足的准备也能去非洲的危险地区。还有人得了"周游世界博客"病（可以说是病），为了写博客而去旅行（也积累经验），至少在"博客排行榜"排名靠前的位置的人几乎都是频繁更新，花费了相当多的时间和精力来写博客。为了写博客而去旅行，如果觉得好也就行了。喜欢写，也有人因此意识到自己的才能，也可能在某个时间感到疑惑。如果感到疑惑，就此搁笔也行。

写博客的话，与其因错误的信息逃避现实，不如像"国际旅行者"那样梦想着美女即将来到自己所住的旅店。这才是正确使用博客、SNS 的方法。合适的话，我也想和美女旅行者一起……世界上很多旅行者伴侣都是在旅行前开始交往，然后一起出去旅行的。

世界一周中，
花在开，
爱也在开。

"周游世界博客"是一部永远继续下去的、没有主线的电视连续剧。

在海外观看体育比赛

观看美国职业棒球赛是观看体育比赛之旅的入门

在美国观看职业棒球比赛、在欧洲观看足球比赛，感受现场的气氛是去海外观看体育比赛最有魅力的地方之一。我第一次去海外旅行就是为了观看野茂英雄的比赛，那时我去的是美国。声援在世界舞台上征战的日本选手，观看世界级明星的表演，这对体育爱好者来说太有吸引力了。下面主要以美国职业棒球比赛为例，介绍一下在海外观看体育比赛的方法，还有买票的方法、观看音乐剧、音乐会等体育比赛之外的活动也能用到的方法。希望对那些对体育不是特别感兴趣的人也有帮助。

有日本选手参加的美国职业棒球赛是日本人最喜欢的海外体育项目。职业棒球赛的比赛轮数和进球数也多，体育馆能容纳的观众人数也多，可以直接到体育馆购买当日票进场观

看。而且，即使是当日票很难买的热门比赛，也能在官方网站上预订，在比赛当天持护照和预订时使用的信用卡在窗口换票，或者自己在家用打印机打印票。在国内就有多种方法可以买到票，这可以作为海外观看体育比赛的入门。

不用说，官方网站的购票界面是英文的，操作也不是那么难。在同一价格区域内选定座席，购买即可。在指定座席观看比赛的效果也有照片帮助确认，避免特意买的票到现场才发现选手看起来只有豆粒大小、有护栏等障碍物遮挡的悲剧发生。当然这样的座席价格都便宜，也可能有人会指定购买这种票。

美国职业棒球赛的官方网站的门票销售都委托给了一家叫 Ticketmsater 的公司。这个公司除了美国职业棒球赛的门票之外，还销售其他体育活动、音乐会的门票。其他活动的门票也可以用同样的方法购买。这个网站的购

票方法也适用于其他网站。还有一个叫 Stubbar 的公司，在美国职业棒球赛的官方网站上有链接。这不是代理店而是一个官方的交易平台，用户可以在该网站买卖门票。有余票的或者因为比赛当日不能去观看比赛想卖掉门票的、专门倒票的黄牛等都可以在这里将票卖出去。

🎒 座席与比赛的关系

Stubhub 公司也是官方的，所以在这里购票不会受骗上当。在用信用卡支付的同时，电子门票就以 PDF 文件的形式发送过来了，可以放心。之后只需打印、携带前往。售票方为个人的就不一样了，使用者为门票主人是不变的。像洋基队对红袜队这种门票抢手的比赛、季后赛的比赛，门票在预售期就会卖光，想看的话，可以在这个网站上找票。在这里，用户可以自定门票的价格，买方和卖方直接谈价，抢手的票会很贵，反之，弱队或者不怎么出名的队的比赛票价可能比平时低很多。此外，在比赛临开始之前可能有人抛售票，这时买会比购买定价票更划算。而且，这个网站还有很多本来需要购买全年票才能买到的座席。近年的美国职业棒球赛，不论哪个球场，全年票指定座席所占

的比例都比较多，内野席前面的座席就很少拿出来单卖，购买全年票的人如果发现自己不能观看某个场次也会在这个网站上将座席出售。如果想买这种全年票指定座席，可以密切关注这个网站。即便在 Ticketmsater 能买到票的比赛，如果想座位更好一点，不妨和这个网站中的票先比较一下。这个网站和 Ticketmaster 一样，除了棒球比赛以外，也销售其他活动的门票。其他一些一票难求的体育比赛、音乐会等，想买票的话也一定要到这里查看一下。在美国、加拿大等地举办的活动都被这个网站网罗旗下，其篮球赛和 NBA 也有合作关系。

🎒 查天气和赛程

买到比赛门票后，其他的准备工作就和普通的海外旅行差不多，但是还是有一些观看体育比赛需要特地留意的事。在日本，比赛因为下雨而中止，门票可以退。但是在海外，大多会在第二天再进行比赛，前一天的票在第二天仍然有效，当然也就不会退了。如果计划第二天回国的话，门票就只能作废。如果旅行的目的就是观看比赛，最好安排一定的机动时间。有的时候，即便比赛不中止，比赛也可能因为下雨推迟数小时才开始。这

种情况在海外并不少见。所以要尽量避免第二天就离开当地去别的城市。

关于日程，自己的旅行日程就不用说了，前往海外观看大赛，球队的赛程也要确认清楚才行。自己想看的选手是否参加自己将观看的那场比赛，对观看体育比赛之旅来说很重要。日本的棒球比赛，会提前一天发布先发投手预告。美国职业棒球比赛会提前好几天公布先发投手预告，所以想知道哪一天是哪一个投手并不难。虽然由于队里的事务、故障等而变更的情况也可能发生。如果行程安排是在当地停留几天看一场比赛，其他几天用来观光，最好事先在官方网站的日历表上确认好目标选手登场的日期，有目标地去观看比赛。每支球队一年有 162 场比赛的美国职业棒球赛也要给主力选手留出休息的日子，但这些不会像公布先发投手那样提前公布，所以判断起来有点难，但是在某种程度上也可以掌握。例如，从洛杉矶到纽约的长距离飞行的前一天、第二天的日间比赛，这种情况下主力队员、经验丰富的老队员大多会缺阵，让 DH（Designated hitter 的简称，中文为指定击球员）出场。所以不仅要看自己将观看的那场比赛的出场名单，前后的赛程安排也要认真看一看。此外，偶尔也会发生由于电视转播、和其他体育活动冲突而突然改变比赛开始时间的情况。在购买门票后，一定要重点查看目标球队的赛程安排。

在安全方面也有需要注意的地方。在球迷以稳健者居多的球队的主场，支持客队的话问题不大。如果去的是球迷以狂热者居多的球队的主场，要避免大张旗鼓地支持客队。

在波士顿的芬维公园中头戴洋基队的帽子，在比赛中可能会被人不断地扔花生壳。在巴塞罗那的诺坎普球场穿皇家马德里的队服，就如同在甲子园的主场穿巨人队的队服。在对方的地盘上支持客队，虽然也有特有的乐趣，但在海外最好不要做这种如同在危桥上行走的事。在南美地区的足球场，球迷冲突有可能发展成暴力事件。相反，如果和其他球迷一起支持主场球队，坐在旁边的那位第一眼看起来有点凶的人没准会递一瓶啤酒给你。

而安全方面另一个需要注意的是安检，还记得波士顿马拉松的炸弹恐怖事件吗？很多人聚集的体育活动有可能成为恐怖分子的目标，所以主办方也会采取措施。入场时的安检会很严格，最好少带行李。美国很多场所都禁止携带大包进入，有的体育馆则什么样的包都禁止带入。这时就必须将包寄存在体育馆之外或者回一趟旅店放包。而且在诸多恐怖事件发生之后，安检标准会更加严格，以前可以带进去的某个尺寸大小的包如今可能就不能带进去了。再者，往返体育场的路上也有可能被偷被盗，所以建议尽量空手前往。夜场比赛的话，返回旅店多半是深夜了，即便住在治安良好的地区也要注意。除了行李的尺寸大小，球迷携带的旗帜、标语牌的尺寸大小也多有规定，最好提前在官方主页或者门票背后确认清楚。

信息收集才是生命线

不仅仅是观看体育比赛之旅，普通的旅行也一样，互联网是收集信息的最有力武器。棒球、足球、篮球等都有主场、客场之分，同一个体育馆中进行联赛时，可以通过旅游攻略或者面向住当地的旅行者收集信息，大赛官方网站、主办方的官方网站才是唯一值得信赖的、获取信息的地方。大多数情况下，网站用的语言除当地语言外还有英语，确认赛程只需要中学水平的英语。

如前面所说的，在这个网络社会，美国职业棒球赛只需要信用卡支付就能够买票。只要看一看官方网站，就能得到几乎全部的信息。除了购票，还可以查看比赛当天是否有开往体育馆的临时巴士、先到的是否有礼物等

信息以及选手的介绍、成绩等。在决定去观看体育比赛后，最好将官方网站的网址记录到电脑或者手机中。

只有在现场才能感受到的感动

美国职业棒球比赛、NBA、四大网球公开赛等著名赛事的官方网站是最有代表性的例子。从购票到选手的最新信息、周边产品销售等应有尽有。其他的比赛项目也模仿他们建立了同样的系统。因此，经历了一次观看体育比赛的旅行后，当时所用的方法在以后去其他国家或者观看其他比赛时大多还能用。这不仅限于体育比赛，音乐节等活动也是一样的。先前介绍过的 Tickermaster、Stubhub 等也开始在美国以外的国家开展业务，有的国家也有类似的公司。不用说，由于比赛类型及举办国家的不同，购票方法、官方网站的制作上多少会有所不同，但是基本的部分和这里介绍的美国职业棒球比赛的例子差不多一样。所以希望大家能用这种方法享受观看体育比赛之旅的乐趣。享受亲眼观看选手表演的乐趣就不用说了，现场特有的体育场馆气氛、观众的反应、支持方式、体育场馆美食，在现场观看才能感受到的乐趣只有在观看体育比赛之旅中才能体会。

旅行智慧书 · 海外达人带你游世界

第 **4** 章

世界在等待旅行者

（各地的旅行热点篇）

分布在世界的旅行者聚集的、经过的、好不容易到达的城市

人气高的旅行目的地还是有的。每个人喜欢的旅行方式都不同，并不是说所有人到了人气高的旅行地都能玩得很尽兴。但是，旅行者爱去的地方肯定有受欢迎的理由，比如，拥有魅力的观光景点、旅馆、到周边国家的连接点、美食、治安好或者物价便宜等。

旅行者多的地方，大多满足上面所有条件或者满足其中的大部分条件。

"人气"之所以称为"人气"，就是有魅力的旅行目的地的信息在众多旅行者之间广为流传，越来越多的人对这个地方产生兴趣，然后前往的旅行者就增加了。不过，也有越来越多的旅行者因为"这个地方已经变成旅游景点了"而讨厌该地，进而充当开拓者，重新开拓新的旅行目的地。也许有人气的旅行目的地就是这样在一个周期里、在诞生和破坏之间循环往复。

此外，还有一些城市不是作为目的地而出名，而是作为旅行者经过的地方而出名。近年来，在大陆或者地区之间的门户城市，一些大牌LCC会将当地机场作为自己的运营基地，背包客也会往这些城市聚集。在这些城市，旅行者也可以向那些已经返回的旅行者打听自己想去旅行的城市的信息。这些成为必经之路的城市不仅是人的必经之路，也是信息的必经之路。

当然，并不是只去有人气的城市转一转就完了，而是以这些有人气的城市为点，将这些点连成的线作为基本路线范本，特别是初次出门的旅行者，可以以此为基础，在这个基础上增加自己想去的地方，制定路线，才有意思。如今，很多旅行者在有人气的城市聚集都只因为过去有谁在这里做过什么，他们来这里，照着前人做过的来旅行，这是保证旅行顺利、成功的第一步。

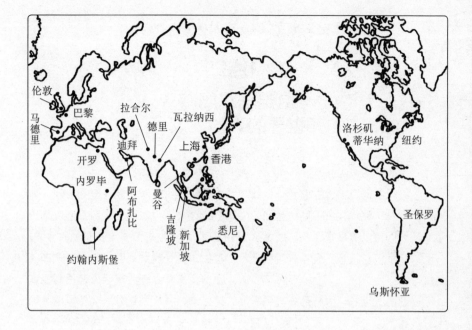

伦敦
巴黎
拉合尔
德里
瓦拉纳西
马德里
迪拜
上海
洛杉矶
蒂华纳 纽约
开罗
内罗毕
香港
阿布扎比
曼谷
圣保罗
吉隆坡
新加坡
悉尼
约翰内斯堡
乌斯怀亚

周游世界路线导游

亚洲路线

以泰国为起点，往中国—印度走。南下的话，多以新加坡、巴厘岛为目标。这里是有很多旅行者聚集的地区，可以说具有不可动摇的人气。

美洲路线

北美还是南美，区别相当大。不过，从中国到南美没有直达航班……去美洲旅行时，选择东海岸或者西海岸的哪个门户城市进入，会大大影响旅行的方式。

欧洲路线

西欧诸国比东欧和俄罗斯人气更高。而背包客在伦敦和马德里停留的比例比较高。活动多、旅行信息在此汇集，所以人气越发高。

大洋洲路线

去澳大利亚、新西兰旅行的旅行者几乎都是特意以澳大利亚、新西兰为目标专门去的。

非洲路线

北非方面呢，集中在埃及和摩洛哥，此外到南非和肯尼亚去的人也比较多。大多数旅行者都是坐飞机（空路）去，然后走陆路前往邻近的国家。

给走陆路周游世界的人的建议

文 / 二宫信平

出去周游世界，首先要考虑的就是路线。有了路线，所需要的时间、预算就大体可以算出来了……说是这么说，几乎所有人都不会完全按照计划执行。

说到周游世界，大家最先想到的绝对是买不买"世界一周"机票。我自己的想法是，觉得不买也行。包括最近主办的活动在内，我已经见过上千个旅行者，根据他们的经验，没有必要购买"世界一周"机票。只有认真预习之后制订计划，保证不会追加城市，保证在一年之内回国，才建议购买"世界一周"机票。不过，不管制订了什么样的计划，只要在旅行的过程中有了新的想去的地方，计划就被打破了。如果已经购买了"世界一周"的机票，有可能后半部分行程都要作废，所以我推荐从陆路周游世界而不是坐飞机。

我的"周游世界"之旅本来没打算真的走遍世界。之前，我已经去过中国、蒙古、东南亚，横穿亚洲、西欧、北非、中南美、北美，所以临出发时，我计划去那些没有去过的地方。具体讲就是丝绸之路、中东、东非、西非，横穿欧洲，然后沿西伯利亚铁路回来，我按照这条线准备地球半周之旅。结果出发之后的第 10 个月，我到了南非的好望角，按计划本应该从这里前往西非。但是，突然想到"如果现在去巴西的话正好赶上狂欢节"，而且我两年前在巴西狂欢节玩得非常愉快。当时满脑子都是狂欢节的我就从南非直接飞去了巴西。

在狂欢节之后，我从巴西飞回日本，结果"世界半周"之旅就变成了"世界一周"之旅。这次旅行，我没有买机票，而是从东京出发经名古屋、大阪然后乘船到韩国，最后乘船到中国。从中国往西靠换乘巴士和电车到达埃及的开罗。因为想去也门，就从开罗坐飞机到也门，然后从也门坐飞机到埃塞俄比亚，又一直走陆路到达好望角。

我也会在旅行途中临时增加想去的地方。在韩国和朋友一起喝酒、聚会，过得很高兴，不知不觉过了三周的时间。在埃及时，我也延长了签证，在埃塞俄比亚则停留了一个月。自由自在地旅行，"世界一周"机票便宜吗，其实选对地方也能买到便宜的机票。现在又有了 LCC，能够花更少的钱"安全自由地旅行"。

走陆路的好处就在于能看到每一天的变化。从中国往西，汉族人变成了土耳其人，汉语变成了阿拉伯语或者俄语，佛教变成了伊斯兰教……最后在非洲遇到的人都变成了黑人，文化也变成阿尔法、贝塔的基督教。这一切不是一下子就改变的，也有混杂在一起的，一点一点改变才是最高境界。

还有一个好处就是可以在行走中沿着一条线看世界而不是从点到点地看世界。例如在迅猛发展的北京和上海，坐飞机飞过去和坐火车坐过去是完全不一样的。坐飞机的话，看到的只有"中国有了很大变化"。但是坐火车的话，就能看到沿线密密麻麻的房子，看到中国还有欠发达的一面。这样才能真实感受到中国的问题——不均衡。比起从点到点的旅行，沿线旅行更能看清楚当地的实情，才能注意到途中那些未加修饰的地方，这些地方往往才是那个国家当地的实际情况。途中的见闻甚至可能改变旅行者的世界观。"世界一周"之旅也和中国的例子讲的一样，从点到点的旅行经历和沿一条线走的旅行经历是完全不一样的。

从陆路走还有一个好处就是日程上完全不受拘束。出来做这样长时间、长距离的旅行，可能发生天气、疾病等意外，也可能在有了旅行者的自信之后改变路线。此外还有可能坠入情网，恋爱也可能拴住旅行者，成为旅行的消极因素。

最后还有一个好处就是能和当地人交流。正因为如此，结交朋友的概率也高，而且在巴士、火车上，与他人偶遇的机会也多。在大街上主动过来搭腔的、不怀好意的旅行者伙伴也会大大减少。通过和当地人交流，英语等外语的沟通表达能力也能提高。在当地即便只是办个巴士、火车的乘车手续，使用英语的机会肯定比从一开始就买好机票的人多得多。

走陆路有这么多的好处，所以我强烈推荐周游世界时以走陆路为主。顺便提一下，除西欧、北欧外，平均每个月 10 万日元（约合 6000 元人民币）就足够旅行了。我自己的"世界一周"之旅 13 个月花了 110 万日元（约 66000 元人民币），当时的汇率是 1 美元 = 120 日元。

全世界背包客聚集的地方——考山路

在很多背包客聚集的曼谷，考山路可以说是背包客的圣地。

在世界上最大的旅馆街——考山路，小旅店、青年旅舍是一家挨着一家。最便宜的青年旅舍只需要几百日元就能住一晚。如今除了背包客，当地的年轻人、不是背包客的外国旅行者也很喜欢来这里。所以这里又多了很多比起酒店毫不逊色的小旅店。

原来的小旅店也提升了服务水平，变得更加便利。正因为如此，住宿费也有所提高。吃的也一样，便宜的饭馆越来越少，而面向年轻人、外国人的饭店越来越多，价格也比以前有所上涨。此外，还进驻了很多世界性连锁店，如麦当劳、汉堡王等。

如今的考山路魅力依旧，但是也有人说更喜欢以前的考山路，他们离开如今的考山路，住到了更偏远一点的地区。

考山路本身就远离曼谷的中心、交通枢纽BTS和地铁站，对观光、购物来讲都不是很方便。因此，也有

旅行者虽然喜欢考山路这个地方，但是还会选择住在曼谷市中心。

在考山路以外的地区也有小旅店。所以，目前的情况是，去曼谷不用特意去考山路。如果在曼谷长期停留，很多旅行者都是先在考山路找个地方住下，然后再找别的住处，之后再搬走。考山路的作用就是作为从小旅店前往曼谷观光胜地的台阶。不用说，考山路作为住宿地的魅力还在，只是曼谷作为观光城市越来越成熟、住宿的选择范围越大，向其他地区扩大开来。

即使如此，考山路仍然是对旅行

者有益的地方。这里有很多家旅行社，去大城等曼谷郊外或者周边国家的短期旅游团，国际国内机票、巴士的车票都可以在这里搞定，这里还有旅行者可购买衣服、杂货的购物场所。此外，还有发行国际学生证的机构。来曼谷旅行的人，不论住不住考山路，都会来考山路走一遭吧。

旅行信息笔记

要在曼谷长期停留的话，还可以住公寓。因为租房很容易。每天都有免签证入境、当日出境一次当日再入境的盖章旅行。只不过，更新日期变得更短了。

邦兰普码头
从这里乘船去标本博物馆所
在的诗里拉吉医院比较方便

昭披耶河

Phra Athit Road

Na Phra That Rd.

寺后
通称为"寺后",一个有
人气的地区,有很多新开
的旅馆、酒吧和自助餐厅。

泰拳馆
旅行者付费也能练习

Jakra Pong Rd.

Phra Athit Road

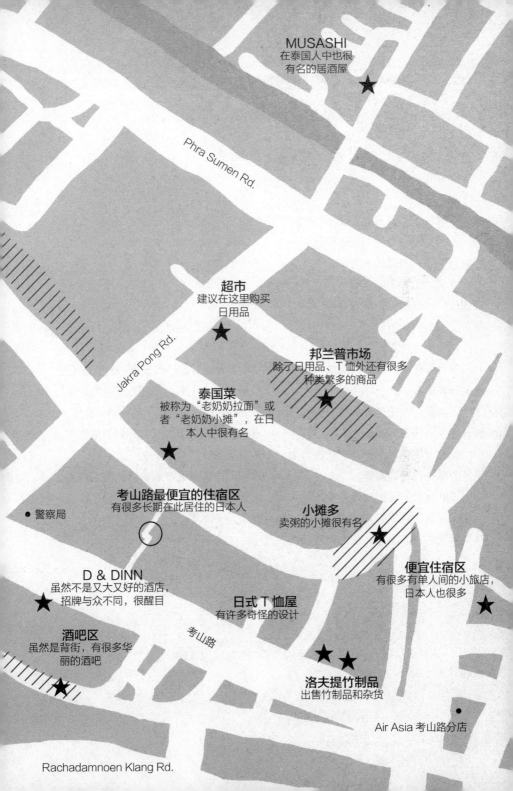

MUSASHI
在泰国人中也很
有名的居酒屋

Phra Sumen Rd.

Jakra Pong Rd.

超市
建议在这里购买
日用品

邦兰普市场
除了日用品、T恤外还有很多
种类繁多的商品

泰国菜
被称为"老奶奶拉面"或
者"老奶奶小摊"，在日
本人中很有名

考山路最便宜的住宿区
有很多长期在此居住的日本人

● 警察局

小摊多
卖粥的小摊很有名

便宜住宿区
有很多有单人间的小旅店，
日本人也很多

D & DINN
虽然不是又大又好的酒店，
招牌与众不同，很醒目

日式 T 恤屋
有许多奇怪的设计

考山路

酒吧区
虽然是背街，有很多华
丽的酒吧

洛夫提竹制品
出售竹制品和杂货

Air Asia 考山路分店

Rachadamnoen Klang Rd.

从中国到印度、中东

亚洲的范围有多大？在不同的时候、不同的场合，亚洲的范围是不一样的。韩国、中国的台湾和香港地区都在亚洲，3 天 2 夜也能玩得既充裕又快乐。印度、巴基斯坦也在亚洲。中东，有时会作为一个地区单独分类，其实这个地区也包括在亚洲范围内。而足球世界杯时，澳大利亚也作为亚洲的一员参赛。

不用说，制定在亚洲旅行的路线时，除了看一看地域面积广大、人种和文化都呈现出的多样化，把握每个地区的特征也非常重要。

亚洲大致上可以分为 4 个地区：中国与日本、韩国等为东亚，泰国、马来西亚等东盟国家为东南亚，印度、尼泊尔等为南亚，然后是中东。

顺便说一句，这里所说的东南亚是以欧洲为标准来说的。

东亚

该地区包括中国、韩国、日本以及中国的香港、台湾等国家和地区，离中国最近，旅行最方便。机票便宜、航班也多。一周的短期旅行也能玩得很尽兴，这是这里最大的魅力。此外，近来在旅行者中人气上升的蒙古也在东亚地区。

不过，在城市圈的话，英语还没问题，但是在地方，英语的通用程度就明显下降了。

东南亚

泰国、马来西亚、新加坡、越南等国所处的地区，在旅行者中一直都很有人气。其中，泰国曼谷堪称背包客的圣地，有很多旅行者将这里作为在亚洲全境旅行的大本营。因为这里的旅行者多，所以住宿设施也很充足。小旅店、青年旅舍等各种形式的旅店都有，最便宜的只需要 5 美元左右能住一晚。即使用很少的预算也能实现长时间的旅行，这是这个地区的魅力。如果说有例外的话，就是新加坡，那里的住宿费和物价都很高。

南亚

如果说曼谷是背包客的圣地，印度可以说是背包客梦想之地。有的人是以访问印度为契机想当一个背包客去旅行的。印度所处的地区就是南亚。印度和它的邻国尼泊尔一起组成了最有名的旅行路线。其实，单是一个印度就非常大了，可看的地方非常多，时间要尽量安排得长一些，因为你需要时间一点一点地看。

中东

属于伊斯兰圈的中东，在亚洲各地区中是特色最强的，对旅行者来说也是难度最大的。多个国家政局不稳定就不用说了，因为是产油国、富国，物价高，背包客式的旅行者恐怕难以承受。此外，女性旅行者在这一带容易遭到性侵，所以很多人会敬而远之。去中东旅行的时候，最重要的是收集治安方面的信息。以前很受旅行者喜爱的叙利亚、也门等地也受政治的影响，治安变差，打算去那里旅行的人要多看国际新闻。

历史遗迹众多的约旦、土耳其在旅行者中也很受欢迎。最近最有人气的路线是以土耳其为起点，经格鲁吉亚、阿塞拜疆到达亚美尼亚的古卡相。

此外，阿联酋的迪拜等产油国也是很受欢迎的短期度假目的地。去欧洲、非洲旅行的时候，可以乘坐阿联酋航空或卡塔尔航空的飞机，将迪拜作为中转站。

我所看到的东南亚和南亚

文 / 岚 YOICHI

去东南亚旅游的人相当多

我们所说的东南亚具体讲包括 11 个国家：泰国、越南、老挝、柬埔寨、缅甸、新加坡、马来西亚、印度尼西亚、菲律宾、文莱、东帝汶。

我第一次旅行走的是之前就计划好的固定路线。

首先，从日本到曼谷，然后去背包客的圣地——考山路，办理入住手续。旅店里的日本人很多，我和那些人成了好朋友。晚上去街上玩，白天出去观光，过得很快乐。其间，有经验的旅行者也给我讲怎么去旅行，告诉我旅行的信息。然后我就第一次自己乘坐巴士和电车前往清迈。现在，LCC 也便宜。在清迈，我参加了少数民族、金三角的短期旅游团，还参加了缅甸一日游。

从清迈乘巴士前往清莱，渡过湄公河，进入老挝。从这里开始换乘旅游大巴，让人不快的交通网，虽然价格便宜，但是很花时间。如果单纯图便宜，可以坐这车。

从老挝进入越南，在越南我有很多合不来的人，原因之一是越南人的脾气比较急。这让人心情很不好。我在路上碰到不少旅行者因为心情变差而返回人们性格好、生活悠闲的老挝。

从越南进入柬埔寨，到吴哥窟等地观光后，我乘坐巴士返回泰国。

在泰国养了养精神后，我又乘坐火车纵贯马来半岛，游完马来西亚和新加坡，这时想回国的人就可以回国了。有的旅行者也许还想从这里再去更有难度的印度、非洲。

印度和尼泊尔从早前开始就是日本旅行者喜欢的地方。

早前的旅行者大多从日本飞到泰国，在这里购买到印度大门加尔各答的票进入印度。

到达旅行者集中的萨德街之后

现在，印度航空有了日本到孟买和德里的直达航班，所以现在也有很多人不再经曼谷中转而是直接降落在孟买或德里。

初次到印度的人，据说分成两种，一种说"再也不想来印度了"，另一种则一遍又一遍地重复"印度最好！还想再来！"不管是哪一种，初次来到这个混沌之地的人都可能大吃一惊。那种刺激实在让人难忘。

尼泊尔让人心情大好，很受旅行者欢迎。这个国家的人和印度人不同，性情温和，在街上也很少有不快的事情发生。到过印度之后再来到尼泊尔，感到很放松。尼泊尔的地方城市博卡拉也有很多的徒步旅行团，是一个悠闲的城市。

以前很少有旅行者去孟加拉国，但是现在去的人越来越多。斯里兰卡国土狭长，有狩猎、沙漠、海滨和山脉，有多种多样的观光地可以玩。旅行者对它的评价应该更好。这里的亚力酒也很好喝。只是恐怖袭击比较多，出发前要多收集信息。

印度尼西亚的赌场

文 / BUROGANBURANOBUKI

我是一个在全世界漂泊了15年的职业赌徒。赌博和旅行都做到极致。所以，我认为"人生就是赌博""旅行和人生相似"，所以"旅行和赌博也相似"。

做生意，风险和回报基本上成正比，但是旅行的风险和回报则无比例可言。所以，如果对危险判断失误，很多的旅行者不怎么考虑"从自己的视点看遇到危险的回路"所以遇到了麻烦。我常常会在想清楚后再出发，所以我旅行了15年从来没遇到过危险。

即便如此，我也曾冒着风险进过一次赌场。那是在印度尼西亚的首都雅加达。

在市中心有一家24小时营业的巨大的麦当劳。外面写着"饭店"。在贫穷的国家，麦当劳不是快餐。每天，绅士、淑女来麦当劳吃饭都穿得很隆重。

我当时觉得："唉？怎么反了？"这实在是我自己没见识。

日本人的平均年收入是印度尼西亚人的20倍。而麦当劳的价格几乎在全世界都是一样的。在日本一份猪柳汉堡套餐的价格为6500日元（约381元人民币），在印度尼西亚吃这款套餐相当于日本人花1.5万日元（约888元人民币）吃一顿高级餐，所以他们盛装去麦当劳吃饭就不足为奇了。

我在15年的时间里去了50个国家的麦当劳，从麦当劳的角度感知世界，站在同一个视角比较不同的文化，这是我把握世界的方法。

所以我在雅加达时，每天都去麦当劳，并和麦当劳前的15个街头孩子成了朋友。领头的是一个19岁的青年，他的英语很好，能给我当翻译。有一天，这个青年告诉我"有一个可以赌博的地方"。

"危险，自己一个去很危险，一起去吧！"

和这些街头孩子一起去赌博当然会感到危险，但"危险的赌场"勾起了我的好奇心，我忍不住决定去看看。那里不可能是无法地带吧。

不，有警察在警戒。也就是说和没有警察警戒的地方就没有危险一样，这里有警察警戒，所以是危险地带。昏暗之中，摆摊的、赌博的、卖淫的，什么人都有。我做好了随时躲起来的准备，腿上的肌肉绷得紧紧的，始终保持着准备逃跑的姿势。

开始因为光线暗看不清，等眼睛适应之后才发现赌场里点着电灯泡，这里一个那里一个的。我从一个一个的赌桌后面往里看才注意到。但是我完全不明白赌博的规则，不用说印度尼西亚话也听不懂。然后，有人开始叫我参加赌博。

"恐怖……"我都快叫起来了。输太多会被杀，赢了也会被杀。火辣辣的空气。结果我这个外国赌徒没有加入，也就是说我虽然进了赌场，但是因为太危险并没有参与赌博。

清水公和
Kimikazu Shimizu

实录：我参加了朝鲜旅游团

朝鲜——一个不安静的国家，在茶水间都能听到人们谈论和朝鲜有关的日本人被绑架事件、导弹事件、核试验等。

朝鲜和日本只隔着日本海，近在鼻子尖、就在眼前，但没有外交关系，可以说是一个"又近又远的国家"。去那里观光旅行也不是一点都不可能。虽然有人认为"没必要专程去那样的国家"，我还是为了游遍 50 个国家，于 2013 年 3 月去朝鲜旅行。

下面讲一讲我在朝鲜旅行的经历，介绍一下作为"旅行目的地"的朝鲜。

🎒 前往朝鲜的方法

外国人要在朝鲜境内旅行的话，必须在朝鲜国营旅行社的窗口办理手续。在国营旅行社安排的导游兼翻译（兼监视）和司机的引导下，在朝鲜境内旅行。这是基本的形式。个人申请并不难。通过在日本充当朝鲜总代理的旅行社代理店，或者在中国等与朝鲜有外交关系的第三国和朝鲜国营旅行社有业务联系的某个旅行社办理正规的签证，即使是日本人也能前往朝鲜访问。

预算方面，如果在日本国内旅行社报名的话，4 天 3 夜的标准行程价格大约为 30 万日（约 18000 元人民币）。而在中国旅行社报名的话则为 10 万日元（约 6000 元人民币）（不包括从日本到中国的机票）。不管在哪里报名，最后受理的都是朝鲜国营旅行社。因为大连有很多的日本游客，所以大连的店里有日本店员，所有的手续都能用日语办理。我选择大连这家店的理由之一就是这家店已经为很多日本游客办理过业务。

从日本到大连的机票可以使用"航空里程"的特别机票，总共大约 10 万日元（约 6000 元人民币）就够了。手续费中包含了从大连到中朝边境城市丹东之间的巴士、丹东到朝鲜首都平壤的往返国际列车、平壤第二高级的酒店——羊角岛饭店的3晚住宿、签证、导游和司机的费用、4天的用餐费用等。这个价格算高还是低，各人看法不尽相同，但是交通住宿全部包括在内，还有导游、司机在内的3人总共4天的服务，这么看起来是不算贵。"4天3夜的朝鲜标准线路"内容是，第一天从丹东乘坐火车前往平壤，晚上到达平壤。第二天在平壤市内观光、乘坐地铁。第三天前往距离朝韩分界线很近的古城——开城观光，并在平壤郊外观光。最后一天前往为外国人开的外贸商店购物，然后踏上回程。从丹东到平壤坐火车要10小时左右，所以在朝鲜当地的停留时间没有那么长。但是，全程有专用车、有导游人员的高效服务，这样的朝鲜之旅也算不错了。

入境检查

我们从中朝边境中国一侧的丹东乘上国际列车，前往朝鲜的首都平壤。虽然叫国际列车，从丹东出发后立即渡过鸭绿江进入朝鲜的新义州，绝大部分时间火车都行驶在朝鲜境内。

经过行李X光机检查、出境检查后上列车，看车上乘客，中国人和朝鲜人是各占一半。与朝鲜接壤的丹东有很多中国朝鲜族人，光靠眼睛看很难分清谁是中国人谁是朝鲜人，但是车上的朝鲜人在列车进入朝鲜的时候，全部从口袋里掏出像章戴在胸前，这样就能区分开来了。列车出发后，立即度过中朝友好桥进入朝鲜。不知道是要立即停车，还是桥的强度有危险，列车过桥的时候速度超级慢。给我的感觉是在庆祝"终于要进入朝鲜了！"

过了桥之后，窗外一下子就变成了纯朝鲜风景，可以看到老式的游乐场、金日成的画像、斗志昂扬的标语口号以及朝鲜文字的宣传画。到达朝鲜新义州火车站时，列车上所有的厕所都被锁上了，这是为了防止有人在厕所里藏点什么不好的东西，这在其他国家的列车上偶尔也会看到，不是朝鲜特有的。然后入境官员到列车上进行入境检查。这里包括（1）护照和签证的检查；（2）海关对行李的检查；（3）针对新型流感的健康检查。首先检查人员将全体乘客的护照都收走，然后盖章、送回。在这期间，（2）和（3）同时进行。入境检查项目和其他国家差不多，效率意想不到的高。

严格的是行李的检查。不仅是我这个日本人，而是全体乘客都要接受严格的行李检查。乘客逐个被叫到小隔间内，将所有的行李打开。朝鲜人好像会被检查现金、电器等物品，而对我这个日本人，检查的重点则放在书、报纸等言论方面有问题的物品上。书是一页一页从一个角落到另一个角落地仔细检查。外语写成的书基本上都要没收，看起来没有问题的东西则返还本人。不过，由于检查人员不懂日语，其 Out 或安全的标准是模糊的。看一眼好像有不良影响，"不太懂啊，Out"然后就被没收了。刊登有金正日照片的图书报刊，不论内容是好意的还是恶意的全部没收。日本的报纸也会被没收。

倒是体育杂志明显不会有什么问题，可以带进朝鲜。其他的检查就非常简单。也许事先有人通知过"今天有日本观光客要入境"。否则为什么正好有懂一点点日语的朝鲜乘客帮我翻译呢？接下来在平壤碰到的其他日本旅行者也说入境的时候有会懂一点点日语的朝鲜乘客帮助自己。我怀疑也许是事先得到情报的间谍。

我们和导游在平壤站会合。所以从新义州到平壤这段行程是外国人在朝鲜境内唯一一段完全自由的时间和空间，即便如此还是有人在监视。

离开丹东 10 个小时后，车窗外，之前一直出现的农村风景逐渐变成了城市，平壤站就到了。漆黑的车站内，

进进出出的人很多。我还担心能不能顺利地与导游会合，但是一下车就知道这种担心是多余的。虽然列车前后都有门，我从列车上一下来，就听到有人在叫我，我和导游正好面对面。无论如何，顺利地与导游会合，我总算心里踏实了。

巡礼的旅行者

去朝鲜旅行的外国人，有一个任务必须完成，那就是向巨大的金日成铜像献花和参观金日成出生地。这两个地方是朝鲜最大的观光景点，是所有旅行者都必须到访的地方。即使你不想去，行程里面也必须有这一项。在这边旅行和在其他国家旅行确实不一样。

向 25 米高的巨型金日成铜像献花，意味着进入朝鲜时向"伟大的金日成主席"表示问候。观光的第一天你一定会先被带到那里。你要花 10 美元，献给铜像。如果不去就不允许你去其他的地方旅行。

朝鲜之旅就是与金日成和金正日有关的地方之旅。每到一个地方，导游给我们讲解的都是"这里是伟大的金日成主席……的地方"或者"这里是按照伟大的金正日将军的指示……"虽然之前也有思想准备，这

是朝鲜旅游团，导游当然会讲这些。但是随着旅行的继续，我终于被他们折服了。不过，我总有一种开玩笑的感觉"导游真的觉得这两人伟大吗？"刚开始的时候觉得"这才是朝鲜"，觉得好玩。但是一路听下来就听够了。

在这种巡礼似的旅游途中，最高兴的莫过于坐在车上，从车窗看朝鲜普通市民的生活景象。这比在广场有意思多了。印象中贫穷的朝鲜，平壤市给人的感觉就像一个发展中的大城市。高层建筑很多，但是设计有一点过时，有点类似日本县厅所在地20年前的样子。外国观光客和普通市民几乎完全被隔离开来，通常连拍照都是被禁止的。在城市里活动时，导游反而会鼓励大家照相。经过被认为"这一片相当繁荣"的地区时，导游会说"最好在这里拍拍照吧"。

我们早上和晚上乘车进出平壤，会看到平壤市民上下班的景象。他们的主要交通工具是自行车、巴士、电车。平壤市内自行车特别多。据说在中国老电影里有自行车大潮，我觉得朝鲜和那个很像。据说中国人很喜欢到朝鲜旅行，也许原因之一就是去感受这种怀旧的气氛吧。

朝鲜的巴士和电车都是东欧生产的，使用时间很长了。朝鲜人对自己的公交设施没有自信，我对着车辆拍照片，被导游阻止了。城市中唯一对外国人开放的交通设施是地铁。

地铁据说具备核避难所的功能，修建在地下很深的地方。长长的下行自动扶梯，给人似一种秘密基地的感觉。车站内有金日成像、表现劳动者形象的浮雕等带有朝鲜风格的装饰，地铁真的很壮观，是最引人注目的观光景点之一。导游极力推荐大家在地铁里拍照，由此可见，他们是多么骄傲。以地铁的豪华来体现国力吗？前苏联时修建的俄罗斯地铁和东欧地铁也有同样的装饰。

参加博物馆之旅的感觉

朝鲜的旅行虽然又刺激又好玩，但是劳神的事太多了。又没有日本大使馆可以求救，所以一直都要保持警惕。4天3夜还不算太痛苦，如果老是这样可能就无法忍受了，而且导游兼翻译还兼监视，还有司机，两个人的眼睛都盯着你，怎么都不能不当回事儿。我对政治、日朝关系的看法和导游讲的不一样，如何应对是好，真的很困惑。既不想歪曲自己作为日本人的意见，但是逆着导游说又觉得有点害怕。这种情况出现了好几次。每到这种时候，我就想"这里是朝鲜博物馆，这两个人在扮演其中的两个角色", 尽量让这种场面愉快地过去。对这种能分裂开来享受其中快乐的人来讲, 我从心底向你推荐朝鲜旅行。以前只能在电视、报纸上看到朝鲜, 现在可以呼吸一下这里新鲜的空气, 真是很有意义, 而且可以将到过朝鲜的铁证握在手中。对朝鲜来讲, 接待外国游客是重要的外汇收入来源。他们对旅行者热情欢迎, 酒店比普通的背包客旅店什么的要高级得多。

作为一个日本人去朝鲜好吗? 我自己也不是没有产生过疑问, 也会害怕 "万一被抓起来, 回不去了。" 但是又不想以后后悔, "去过那时候的朝鲜就好了" 的想法占了上风。不用说虽然也有一点游仙逛景的感觉, 但是最重要的是这宝贵的经历。

发现世界的秘密——当地旅游团

文 / 清水公和

有人在旅行当中会觉得"和其他人去同样的地方很没意思"，于是想去那种能当成吹牛资本的地方。虽然这么说，在这个时代，世界上所有的地方都有旅行者。但是探寻人迹罕至的地方，设定一个自己独有的主题，完成"自己独有的旅行"也是旅行的乐趣之一。

负能量遗产之旅

"这里是世界遗产，去吧！"很多人都以此为理由来确定旅行目标，去的几乎都是有历史性建筑物、大自然绝色美景的地方。但是历史也有它负面的一面。波兰的奥斯维辛集中营、柬埔寨的杀人场（Killing Field）等虽然已经确立了观光地的地位，追着历史负遗产去旅行的旅行者还不多。

还有一个地方是乌克兰的切尔诺贝利。通过乌克兰政府认可的旅行社办理手续，一般旅行者也能去参观。参观者必须在一份保证书上签字，保证"即使健康发生问题也不要求赔偿"。实际上跟着旅游团到达参观地区，其中的放射量在短时间内不会对人体有影响。如今在事故原发地内还有劳动者在工作。旅行者除了能看到爆炸事故的原子炉的水泥封体，还能看到原发作业员当时生活的城市变成鬼城的样子。前苏联时代的景物就这样原样保存了下来，成为珍贵的历史，满足了废墟迷的喜好。

迷你国家巡视之旅

在列支敦士登、摩纳哥、圣马力诺等迷你国家巡视旅行也很有意思。这些国家在某种意义上也以自己是迷你国家为荣。如在观光导游站内盖入境章、购物可能免税、发行自己设计的邮票和硬币等。无疑，不论多么小，它都是一个国家，对想增加所到达国家数量的背包客来讲，这是个绝好的机会。去欧洲境内的迷你国家的话，可以从邻国出发，当天去当天返回。

未承认国家、新独立国家巡视之旅

世界上有些地方虽然没有被承认为一个国家，但是事实上处于独立状态。因为未被承认为国家，所以和日本也没有外交关系，前往的时候必须注意。到这些地方旅行的人很少，想炫耀的人可以去一趟。

此外，到刚刚独立的国家去旅行也是个选择。到2011年独立的南苏丹旅行过的旅行者，相当少。2012年独立的东帝汶，也许是因为旅游资源贫乏，旅行者很少。如果目的仅仅是到此一游，可以考虑。

拥挤的人气旅游地区

在欧洲大陆，国土狭小的国家比较多，所以可以在短时间内周游很多个国家，而且城市之间的交通很发达，也有高铁、巴士、LCC等多种选择。随着欧盟的扩大，不需要出入境检查的范围也在扩大。在多国之间穿梭，如果用的都是欧元，连兑换货币都可以省掉了。所以对初次到多国游历的人来说，欧洲是一个很方便的地方。

从中国到欧洲除了乘坐直飞航班外，还可以经由亚洲城市中转，如乘坐中东航空公司的飞机，经迪拜或阿布扎比中转。

中国人赴欧洲国家旅行，大多数情况下都要办理签证。在欧元开始使用之前，从一个国家进入另一个国家的时候还必须兑换货币，这曾让旅行者感到麻烦。但是货币统一之后，这个问题没有了。即使是英国、瑞士这种仍然使用自己货币的国家，和欧元互换时也没有问题。在东欧一些未加入欧元区的国家也是如此。因此，将欧元作为硬通货带在身上就足够了。

如果只去英国或者瑞士，可以换些英镑或者瑞士克朗。如果去欧洲多国，还是换欧元比较好。

语言方面，不同的国家用的语言有所不同。在西欧诸国，英语完全通用。而在西班牙、意大利的地方城市，英语的通用度有可能下降，但是不是完全行不通。在德国和北欧各国，讲英语也完全没问题。在东欧，近年来英语的通用度在提高，语言上的不自由很少（俄罗斯除外）。

到欧洲旅行要注意季节，欧洲冬天寒冷，夏天有很多商店会休长假，所以各种季节的旅游都有需要注意的地方。

欧洲的基本线路

制定线路要根据旅行者的喜好。除了从东到西或者从西到东的"一笔划"线路外，将LCC当作基地的机场所在城市作为最初的目的地，由此做放射状旅行的中心与辐射线路也是一种选择。选择哪种线路好呢？最基本的原则是在地图上将自己想去的地方标出来，然后画一条线将这些地方连起来。而在欧洲没有必要拘泥于此。以飞机为交通工具时，可以将机场所在的城市作为中转站，然后前往目的地。

在有高铁的地区，以高铁为交通工具也可能比飞机更省时间。因为铁路可直接到达市中心。由于和LCC的价格竞争，网上购票也能打折了。有的国家对26岁以下的旅行者提供打折票。此外，供外国人乘坐的铁路巴士，不用一次一次地买票是比价格低更大的优点。不过，必须在从国内出发之前、提前买好。所以必须事先确定好大致的路线。不同种类的巴士路线也不同，乘坐的时候要搞清楚。

在欧洲也是，巴士是穷游旅行者最强有力的朋友。除了Eurolines等大牌公司之外，欧洲各国的地方巴士公司也运营国际区间巴士。自己国内的就不用说了，为了和LCC竞争，有的公司车票也可以打折，有的公司则在服务上增加投入，如设置车内Wi-Fi，可以横卧的座席，等等。在高铁还不够发达的国家或者西班牙之类国土面积比较大的国家，巴士还是主要交通工具。

申根协定

在加入申根协定的国家之间进出，没有出入境检查。以从中国乘飞机去旅行为例，到达第一个国家时要进行入境检查，之后不管进出多少个国家，只要没走出申根国家的圈，都不会再进行出入境检查。

在欧洲的主要机场，按申根国家航班和非申根国家航班划分航站楼。在这两个航站楼之间出入时要进行出入境检查。因此，如果是申根国家圈内的航班，即便是国外，连手续也和国内线一样。如果只在申根国家圈内旅行的话，只有第一个到达的国家和最后一个离开的国家要办理出入境手续，不仅机场是这样，铁路、巴士过国境线时也一样。只有在申根圈内国家和圈外国家之间进出才要办理出入境和海关手续，申根国家内部完全畅通无阻。

申根协定是和欧盟完全不同的组织，所以既有英国、爱尔兰这种加入了欧盟（注：现英国已投票决议退出欧盟）但是没加入申根的国家，也有瑞士这种加入了申根但是没有加入欧盟的国家。

中北美洲的经典旅行目的地

北美洲、中美洲的旅行可以分为美国、加拿大和墨西哥以南、加勒比海岛国等3个区域来制定旅行计划。美国、加拿大有很大的共通点，不同的是货币分别为美元和加元。物价和日本差不多，所以对穷游者来说有点贵。大城市里有很多面向背包客的住宿设施，如青年旅舍等。加拿大除了一部分为法语区外，其他地方都以英语为官方语言，对旅行者来说很方便。也许有人认为美国是枪支社会，其实治安并不差。纽约一直在致力于城市治安治理，已经达到深夜乘坐地铁也没问题的水平。除了物价高这一点之外，美国、加拿大很适合初次旅行的人。

与此相对，墨西哥以南的地区物价一下子就便宜了。语言上除了伯利兹讲英语外，其他地方都讲西班牙语。感觉和在同样讲西班牙语的南美洲国家旅行差不多。在很多城市，不少旅行者为了去南美洲旅行而进入西班牙语学校学习，如危地马拉的安提瓜。对打算从北美洲往南纵贯而下的旅行者来说，中美洲可以说是进入南美洲之前的预演地区。这同时也是一个政治不稳定、国家比较多的地区，治安方面必须多加注意。

加勒比海诸岛的旅行难度稍稍大一些，因为从一个岛到另一个岛无论如何都得坐飞机。于是花的钱就多了。而且有很多岛屿都是欧美人的疗养胜地，住宿费也比较高。穷游者想长期留在这里很难。在这个地区旅行有难度的另一个原因是当地语言和货币根据旧宗主国的不同而不同。货币基本上都可以与美元互换，但是在法国、芬兰的影响比较大的国家，用欧元可能更有利。有的地方也可能是英镑更受欢迎。

洛杉矶

洛杉矶是亚洲人游美国的第一候选城市。从亚洲出发到洛杉矶的航班有很多，交通很方便，而且机票比到东海岸的便宜。也可以从这里购买前往南美大陆太平洋一侧城市的机票，从这里转机。

洛杉矶的城市圈相当大，仅仅依靠公共交通工具旅行会很难。租车是最大众化的交通手段。

圣弗朗西斯科（旧金山）

圣弗朗西斯科（旧金山）和洛杉矶一样，也是西海岸的城市，同样位于加利福尼亚州境内。与洛杉矶不同的是，公共交通设施很完善，很少需要租车。在市中心最好的地区有很多家面向背包客的、有青年旅舍的旅店。对穷游者来说长期停留此地相对容易。这里也是约塞米蒂国家公园旅游团的出发地。

纽约

纽约是世界上最大的城市，是旅行者心中的梦想之城。地铁、巴士都是 24 小时运行。对旅行者来说非常方便。问题是，即便是青年旅舍费用也大多较高。如果远离曼哈顿岛，到皇后区、布鲁克林区，甚至对岸的新泽西州住宿，住宿费可以省下一些。

如果自己做饭，可以将伙食费控制在最低。

蒂华纳

蒂华纳是位于和美国国境地带交接的墨西哥城市，是从美国走陆路南下的旅行者进入墨西哥的入口，也是到达洛杉矶或圣弗朗西斯科（旧金山）的旅行者、想在短时间内对墨西哥有所了解的人常去的一个城市。这个城市的人已经见惯了外国人，很多人会英语。在这里购物时也不用将货币从美元兑换成墨西哥比索。这里的物价比美国低很多。

此外，有很多美国人、旅行者来这里是为了吸毒、嫖娼。

墨西哥城

墨西哥城是拉丁美洲的门户城市。在青旅等地，很容易碰到与自己路线相似的旅行者，可相互交流信息。此外，这里还住着很多为学习西班牙语、职业摔跤、拳击而长期停留的人。

美国铁路

美国原本是靠铁路发展起来的国家。但是，现在很多旅行者在旅行时根本不考虑乘坐火车。其原因是航空、长途巴士的发展使长距离交通变得更方便了。

现在铁路和列车数量减少，坐火车就更难了。再加上从火车站到目的地之间的交通也不方便，不适合外国旅行者。

006

魅力和危险并存的地方

从中国看南美大陆是位于地球的背面，仅仅是距离遥远这一点就使这个集浪漫、雄大的自然和神秘遗迹为一体的地方成为许多中国旅行者憧憬和向往之地。除了距离遥远，南美大陆许多国家的国土面积都很大，如果去旅行的话，时间越宽裕越好。南美各国都有很多景点，想全部一网打尽，估计一年也不太够。时间上没有问题的话，南美洲对旅行者来说并不是难度那么高的地区。除了巴西和圭亚那三国（指圭亚那、法属圭亚那、苏里南）之外，大部分国家以西班牙语为共同语言，所以想在南美长时间旅行，不妨先进语言学校学几个月。掌握简单的西班牙语会话，旅行会一下子容易很多。

对中国人而言，如果之前申请了美国签证，智利、秘鲁、哥伦比亚可以免签，阿根廷可以使用电子签证。玻利维亚需在国内或秘鲁办理签证，厄瓜多尔则对中国免签。除了签证之外，还需要注意的是，有的国家在入境时需要提供本人黄热病预防接种证明。接种一次的有效期为 10 年，要去南美的话最好做好准备工作。

在南美大陆，除了当地货币外，美元也被广泛使用。国际航班的机票在标价时大多使用美元，而不是当地货币。带现金去南美，带美元是最方便的。

而且，考虑到万一碰到强盗、小偷，可能会因为没有钱而被害，还是带一点美元在身上比较好。南美人对假钞的警惕性很高，稍微有一点破损的纸币，对方都会拒收。对 100 美元这种大面额的纸币更是如此。最好准备一些新的 20 美元纸币。

位于地球的另一面的南美和北半球气候特点完全相反，越往南走越冷，海拔高的地方也大多比较冷。此外，有的地方每年分干、湿两季。雨季的时候因为泥石流造成交通阻断的情况时有发生，所以雨季旅行需要多留出点时间。去高原的时候，还要对高原反应做好准备措施。为了能逐步适应高原反应，可以走陆路而不是坐飞机。如果出现头痛等症状，不要勉强自己继续前进，而要先休养。如今在药店就能方便地买到治疗高原反应的药，一些商店还有可随身携带的氧气出售。如果这些办法都不行，最好及时撤离，假如回到海拔稍低的地方，症状就明显改善的话，就是高原反应。

在南美旅行，必须根据气候和地形来制定路线。广大的南美大陆，西侧矗立着安第斯山脉，北侧则是亚马孙平原的热带雨林。如果要从东到西走完这些地方，必须乘坐飞机。如果走陆路，则可把行程分为太平洋一侧和大西洋一侧两大块区域。顺南北方向走比较好，沿东西方向走既花时间又花钱，所以一般的线路是从秘鲁等太平洋一侧的国家开始南下，然后经玻利维亚到智利，再从那里穿越安第斯山脉进入阿根廷，北上前往巴西，走出一个"U 字"。

从亚洲到秘鲁的机票比较便宜，所以有很多旅行者都将秘鲁作为南美旅行的起点。也有人乘坐欧洲、中东

航空公司的飞机，飞越大西洋，从巴西开始进入南美。这种时候，可以考虑反方向走上面所说的U字形路线，乘坐飞机穿越亚马孙到达太平洋一侧的秘鲁等国，最后再回到巴西。

在南美，人们最常用的交通工具是巴士。南美洲的许多国家国土面积都很大，大家坐巴士的时间很长。经营高级巴士的公司非常多，这些巴士也很舒适。在巴西、智利、阿根廷等国，还有座椅能放下去、像床一样的巴士，里面还提供豪华的餐饮服务。另一方面，在玻利维亚等道路状况比较差的国家，在雨季坐巴士可能会因为陷入泥沼而丧命。而在委内瑞拉则有可能被坏警官检查、盘问，有的地区还有专门抢长途巴士的强盗。所以经过这些地方，最好还是坐飞机，而不是走陆路，实在不行也要避免夜间出行。相反，从海拔低的地方前往海拔高的地方时，为了适应高海拔，倒是可以坐巴士。由于地形的原因，开往高海拔地区的巴士速度比较慢，时间比较长，比坐飞机更消耗体力。在面积广大的南美，分别使用航空和陆路很重要。近几年，巴西的LCC发展得很好，在巴西国内旅行，还是坐飞机方便，坐飞机一下子就到目的地了，而坐巴士则要摇摇晃晃地走很久。再加上飞机的价格也不都很贵，也有便宜的。

南美最大的航空公司的网站，用的是西班牙语，你也许能在上面买到低价出售的机票，这些机票多来自空位多的航班。利用好这些因素可大大节省南美大陆的交通时间和旅行经费。

去远离城市的遗迹或自然景观，很多时候都需要参加当地的短期旅行团。这也是南美大陆旅行的特点。被视为旅行者大本营的城市通常会有很多旅行社，可以在这些旅行社报名。报名前，多走走，先比较一下各家短期旅游团的内容和价格，然后再报名。如果停留的时间短，选择的可能性会更小，可以在旅店或机场的柜台报名参团。

圣保罗

圣保罗是南美最大的城市，人口有1000万以上，也是南半球最大的城市。圣保罗是巴西经济的支柱，和里约热内卢这样的观光城市相比，它更商业化，观光景点没有那么多。

但是，对亚洲人来讲，圣保罗是最有魅力的城市之一。因为圣保罗有日本人街，以前这条街上几乎都是日本人，如今中国人也多起来了，就改名为"东洋街"了。即使如此，穿过日本人街的大鸟居看到经营日本饭菜的日本饭店、卖日本食品的超市，也会非常激动。

 乌斯怀亚

位于阿根廷南端火地岛的乌斯怀亚为世界最南端的都市。在最南端还有别的市镇，但是规模、人口都远远不及乌斯怀亚，所以说世界最南端的城市就非乌斯怀亚莫属。这个城市的观光铁路被称为"世界尽头的铁路"。

这个城市是冰河观光的起点，所以有很多旅行者在此聚集。而且夏季时，去南极的观光巡游船将从这里出发，作为南极观光的大本营，每年有很多旅行者来到这里。不仅仅是这里，在阿根廷、智利南部还有滑雪胜地，北半球正值夏季的时候，这些地方却有积雪。冬季奥运会的选手也来这里训练。趁中国放暑假时来这里，正好可以滑雪、玩船形雪橇，可以进行反季节旅行也是这里的魅力。

二宫信平
Shinpei Ninomiya

巴西的狂欢节

我最喜欢的就是巴西的狂欢节。巴西本来就是一个张力很大的国家。狂欢节来临，整个城市提前 3 天就欢腾起来。当狂欢节到来的那一天，欢乐大爆发。

狂欢节虽然也有治安严重恶化，也有低级下流等负面的东西，但是我还是想去领略一下它自由奔放的独特气氛，在狂欢节上与不认识的男生、女生互相亲吻。

说到狂欢节，巴西里约热内卢的最有名。但是我没去过里约热内卢的狂欢节。我要推荐的是萨尔瓦多的狂欢节。萨尔瓦多是巴西巴伊亚州的首府，是当年葡萄牙人登陆巴西的地点，是巴西著名的文化中心，当地人热爱武术、音乐。虽然它在亚洲不算有名，但在旅行者间的评价非常高。在南美长期旅行的背包客几乎都往萨尔瓦多聚集。那么为什么都往萨尔瓦多聚集呢？因为狂欢节是一个参与型的节日，虽然说有人也只是那样坐在椅子上看，大部分人还是一边跳一边欢闹。你可以先练习大鼓，然后再参加狂欢节。

我听说亚洲旅行者参加巴西的狂欢节会非常兴奋。

TRAVELER'S MEMORY

[018]

我看到的南美

文 / 岚 YOICHI

巴西可以说是南美最具代表性的国家，面积占南美的 47.3%。也就是说，说南美就等于说巴西，这话也不算过分。但是，最近由于物价太高，旅行者有避开巴西的趋势，即使到巴西，也只是看看伊瓜苏瀑布、在里约稍做停留而已。

以前我曾经去过巴西 8 次。近年来物价上涨得非常厉害。2006 年之前，那里有很多的日本旅行者。我每天在日本饭店吃饭，当地人吃的套餐价格在 300 日元左右（约 18 元人民币）。2010 年去的时候，巴西变了。物价过高，当地人吃的套餐价格达到 1200 日元（约 70 元人民币），不能再像以前那样吃日本餐了。住宿也涨价了，相当贵。虽然劳动者的工资上涨了很多，但是赶不上通货膨胀的速度，很多人生活穷困。顺便说一下。2012 年的物价上涨率为 12%，物价又进一步上涨。

巴西从前治安就比较差，恶性事件多，不能放松警惕。据当地媒体报道，当地的警察人数已经大幅增加。

圣保罗有大约 50 万日本人，是一座亲日城市。数年前，在利贝尔达迪有一条"日本街"，现在由于中国人和韩国人的进入，改名为"东洋街"。街上有提灯，有鸟居，再现了奈良时代的日本，很有趣。住宿对于背包客来说比较贵，传说中的饭馆——荒木膳宿公寓也涨价了。住的都是当地居民，旅行者可住的房间很少，往日的好处几乎不复存在。

巴西境内巴士很发达，LCC 也很便宜。旅行时最好能充分利用这些有利因素。巴西人都相当开朗，骂人的话最多就是"混蛋"。

巴西的贫富差距很大，人种也是多种多样。虽然不同阶层、不同种族的人也可以成为朋友，但不同阶级的交往方式不同。有很多人因为巴西物价高、治安差而离开，其实巴西是一个非常有魅力的国家。

阿根廷的首都布宜诺斯艾利斯很像一个欧洲城市，这里飘浮着不清爽的臭味。当地人说的西班牙语夹带着意大利口音，听起来非常费劲，但他们很阳光，待人亲切。我很喜欢这个城市。市中心的治安还不错，在晚上独自在外面走也没问题。这里的葡萄酒和肉很便宜，在旅馆中烤着牛肉、喝着红酒，实在是太美了。这里有日本人旅店，物价也没有巴西那么高，所以很多人在这里住了下来。

秘鲁的观光客比以前增加了很多。首都利马一直以来治安就差，被偷、被盗的人很多，但是现在渐渐改善，住在新市区比较安全。观光地库斯科和马丘比丘因汇集了全世界的旅行者，物价比较高，但是环境很好，方便旅行。

玻利维亚近年来致力于发展观光业。1997 年我第一次到这里的时候，还不知道乌尤尼盐湖的存在，日本人来此也需要签证。两年前再来时，游客增加了，乌尤尼盐湖也成为热点。

哥伦比亚的女性很漂亮，这跟我没什么关系，哥伦比亚人待人都非常亲切。年轻的男背包客有很多机会结识女性，所以一直以来这里都很有名。这里的夜生活也非常丰富，就是观光的地方没那么多，物价也不是那么便宜。

委内瑞拉的首都加拉加斯，据说治安非常差。我在这里曾两次被"警察"包围，被恐吓。第一次是在观光景点，好几个警察说我"没携带护照"，有问题。贿赂他们后我才得以脱身。第二次是在地铁站被多名警察围在中间，这次虽然携带了护照，但又有人说我"你很可疑，要进行全身检查"，把我带到没什么人的地方，将我钱包里的当地货币全部抢走。之后，还有其他日本旅行者遭遇了同样的事情。

委内瑞拉的人种歧视很明显。有很多人说"支那、支那（这是对中国人的蔑称，在中南美洲，多数场合这也是对东亚人的侮辱性称呼）说什么呢？"多么失礼的话。在圣保罗居住的东亚人也常常谈到"委内瑞拉的东亚人歧视"。在这些国家旅行时，一定要多加注意。最后忠告各位，周游世界时不要将委内瑞拉作为最后一站。

为什么呢？因为不想在旅行的最后有什么不好的感觉。

自然景观和极具魅力的
大都市风情共存的南方大陆

随着 LCC 的发展，去澳大利亚、新西兰等国所在的大洋洲旅行变得容易了。大洋洲和其他大陆相距甚远，过去这里的机票价格高不可攀。随着 LCC 的出现，这一局面一下子就被打破了。由于东南亚 LCC 的大洋洲线和大洋洲 LCC 的东南亚线存在竞争，亚洲到大洋洲的机票价格下降了很多。从日本到澳大利亚、新西兰都有直航班机，经东南亚城市坐 LCC 航班前往大洋洲旅行也是一个方法。而且，如果时间富余，还可以将东南亚旅行和大洋洲旅行组合在一起。有些 LCC 还开通了到斐济、萨摩亚、巴布亚新几内亚等南太平洋岛国的航线。所以你还可以以澳大利亚或者新西兰为起点，前往南太平洋岛国。澳大利亚国土面积大，境内交通的主要方式仍然是 LCC。以捷星为首，维珍、澳大利亚等多家 LCC 正进行激烈的价格竞争。

澳大利亚、新西兰都是物价较高的地区，但是背包客文化在这里已经有了基础，所以在各地找小旅店都不难。悉尼、墨尔本有多家面向背包客的住宿设施，住满了各国的背包客，即使是第一次当背包客的人在这里也不会有困难。

大洋洲属于英语圈，这也是让初次旅行变容易的一个原因，也有很多人以学习语言、打工度假等旅行以外的理由在澳大利亚、新西兰长期停留。由于澳大利亚是移民国家，你还能在这里吃到世界各地的美食，这也是澳大利亚的魅力之一。

在澳大利亚旅行的注意事项

在物价较高的澳大利亚，很多旅行者都自己做饭。由于当地已经有了一定基础的背包客文化，所以在澳大利亚，有很多为背包客建造的住宿设施。很多旅店都配有供背包客烹饪的厨房。对穷游者来说实在是太好了。从国内带食材过去，在澳大利亚吃自己做的饭菜也不错。不过要注意海关检疫。

澳大利亚为了保护自己独有的生态系统，检疫非常严格，世界知名。含肉类浓缩包的速食拉面、咖喱酱和块等在机场就会被直接没收。若未申报带进机场会被罚款。所以，如果带了食品，最好老老实实地申报。

悉尼是一座有很多亚洲人的大都市，亚洲人经营的超市会出售有正规进口手续的亚洲食品，虽然比本土卖得要贵一些，但也比在当地餐馆吃饭便宜。

澳大利亚香烟

吸烟者的地盘越来越小，这是世界性的趋势。特别是澳大利亚，其控烟政策非常严格。对烟草课以高税率就不用说了（一箱万宝路 18 澳元≈ 95 元人民币），香烟包装禁止各公司使用自己独特的设计，不论万宝路，还是骆驼都要用政府规定的、统一设计的包装进行销售。

飞往大洋洲的飞机

由于大洋洲距离其他大陆都很远，所以飞往澳大利亚或者新西兰的航班都必然是长距离路线，各航空公司都很注重服务，如使用新飞机运营等。新西兰航空的经济舱座位很宽敞，虽然乘坐捷星航空等 LCC 的飞机不用花很多钱，但是想体验长距离飞行的服务，还是选择大牌航空公司的飞机比较好。

008

给高级别旅行者推荐的新旅行领域，现在还有未知旅行领域吗

在广袤的非洲大陆上旅行，关键在于确定好目的地再出发。在非洲旅行的难度大，有的国家政局不稳定，治安极差，有的地方卫生方面问题严重，有的地方自然条件非常恶劣，交通困难。在非洲大陆，最重要的是要在不同的地区采取不同的策略。

非洲大陆分为四大块，埃及、摩洛哥等为北部，肯尼亚、坦桑尼亚等为东部，南非、津巴布韦等为南部，马里、塞内加尔、科特迪瓦等为西部。

如果想看撒哈拉沙漠，应该以北部为目的地，喜欢大自然的旅行者还可以考虑东部、南部，想感受音乐舞蹈的魅力则可以去西部。旅行的目的可以确定旅行的方向。虽然都是非洲，其实每个地区都有自己的特色，所以

先问一问自己为什么想去非洲，把理由搞清楚，然后再决定去哪里。

在非洲旅行，大家有必要弄清楚

自己要去的国家有怎样的历史沿革。特别是搞清楚它曾经的宗主国是谁，这不仅影响到语言的使用，还大大影响路线规划。如果是原法国殖民地，多半可以搭乘巴黎直飞的航班前往。虽然前殖民地和曾经的宗主国的关系已经断了，但是交通、经济还连在一起，语言也大多以曾经的宗主国的语言为官方语言。在货币兑换方面，宗主国的货币也不会不好用。虽然在其他地方旅行时最好也能预习一下该国的历史，但在非洲情况还是特殊一些，历史和旅行攻略密切相关。

旅行信息笔记

在非洲旅行，必须了解签证的最新信息。特别是办理签证很困难的赤道几内亚、利比亚、安哥拉等国，要向他人打听最新的签证发放情况，这非常重要。阿尔及利亚、厄利特里亚的签证必须在国内提前办理。

在非洲国家出入境

非洲大多数国家都在中国设有大使馆，但有些国家要到邻国去办理签证。因此，提前收集信息特别重要。

很多旅行者会趁在肯尼亚内罗毕这样的大城市停留的时候集中办理各国签证。办理签证时，可能会被要求提供黄热病预防接种证明，而且不一定能如愿得到签证——本来就不应该认为拿到签证理所应当。

要在有 60 个国家和地区的非洲大地上旅行，这话听起来有点大，需要提前制定细致周到的旅行计划。

穿越最险的国境线

文 / KOJIMA SATOKO

"还有多久？"

2010 年 9 月，我在肯尼亚的一辆卡车车厢里。

我的一个朋友将在卢旺达举行婚礼，参加完婚礼，我打算从卢旺达出发，到乌干达、肯尼亚旅行，旅行的最终目的地是埃塞俄比亚。虽然我已经买了回日本的机票，但还是想先去看看那个能让人感受非洲魅力的民族。

在这之前，我必须穿越著名的、号称"世界第一险国境线"的肯尼亚和埃塞俄比亚之间的国境线。这条国境线之所以被称为第一险，首先是因为路很烂，有盗贼出没，其沿途部族还经常发生纷争。

穿越国境线的路线有两条。如果其中的某一条发生什么事，就只剩下一条。怎么决定走哪条呢？我觉得必须先收集信息。

当地人说"现在没问题吧……"那交通工具呢？只能搭顺风车了。

"现在有巴士"大家都这么说，

我在路上才知道，我们要走的路线和我预期的相反，从埃塞俄比亚南下到肯尼亚的旅行者说："从肯尼亚到埃塞俄比亚的陆路好像不能办签证。"

还好，我在日本时就提前办好了埃塞俄比亚的签证。

从肯尼亚乘坐巴士、24 小时后到达边境城市莫亚莱。由于陆路不发放签证，所以路上的人除了我，全都是当地黑人。

同车的还有一位武装警察，据说是为了预防万一特意来保护我的。

不过，这辆巴士的座位相对肯尼亚人的体格实在是太小了。坐下来后，这位仁兄还占了我半个座位。

这名高大的黑人警察给了我巨大的压力，在他旁边，我就像一只黄猴子。这真是一副滑稽的画面，巴士出发了。

我听说有很多中国人在非洲修路，托他们的福，有一段路辅得很平稳，可惜经过这段路后，车就变得颠簸起来，摇晃得人要散架了。所幸，当时的我睡得很沉，什么都不记得了。24小时后，巴士既没有爆胎也没有发生其他故障，平安无事地到达莫亚莱。也许是自己一直不拘小节吧，走这段路比想象的容易。

我到达目的地时，边境已经关闭，不得不在莫亚莱住一夜了。

第二天边境开放，进入埃塞俄比亚，非常顺利。而从这里开始，我的目标就变成金卡，就是电视中谈到的在嘴唇上嵌大盘子的莫西族人住的村子。

首先要找到去住那个方向的巴士，当地人说没有直接到达金卡的车，可以先到亚贝洛。看来只能一点一点地往前走了。

从莫亚莱乘坐巴士到亚贝洛需要3个小时。这一路也没有遇到什么大的麻烦。在亚贝洛有到金卡的巴士，但是发车时间是每天早上6：30。

顺路体会当背包客旅行的最大魅力。什么都没有的城市，对自己而言是一个崭新的世界，不慌不忙地在这个世界里走一趟不是很好吗？

第二天早上6：00我就前往巴士站。

但一直等到7：00，巴士还没来。

"几点来呀？"

"今天不来了吗？"

还要在这里住一晚吗？明天巴士

能保证来吗？

一直在这里待下去，就算不去看什么莫西族，也会错过回国的飞机！

是的，这就是非洲。干什么都想留有余地的我，哪怕是一点一点地挪也要向目标前进！

"为什么没有巴士？"

"怎么这么说？"

"什么？不是你说有巴士的吗？"

"……（突然英语变差了，什么都不会说了）"

可能是看我着急地问这问那的缘故，一个人过来对我说"我在对面找到一辆去金卡的卡车，让它搭你去金卡，怎么样？"

就这样，我毫无准备地搭了人生第一辆顺风车。

车上还有两个人，卡车司机和一个埃塞俄比亚人。前面一下子挤进四个人，不用说挤得满满的。我在司机的旁边，屁股都快挨到轮子了。

车上的人完全不懂英语。"金卡？金卡？""Yes! Yes!"我们的对话就是这样的。我还能说一两句阿姆哈拉语，大多时候都要靠打手势和对方沟通。

不知道过了几个小时，我们来到一个叫孔索的城市。看到几个穿着裙子、非常可爱的孔索族人。

"孔觉托！孔觉托！（阿姆哈拉语"漂亮"的意思）"我用刚学会的

阿姆哈拉语说道。司机说"Yes!"，情绪高涨。

我们之间的对话很少，我们用心交流。过了一会儿，卡车停了下来，但我知道这里不是金卡。

司机用手势告诉我，我该下车了。

"金卡？金卡？"

"No 金卡"

我向司机做出惊讶、不明白的样子。司机一边在地上画图，一边向我说明情况。原来是这么回事。

他们本来计划经过金卡，但是目的地不是金卡。从这里开始他们要换别的路走了，他们要去的方向和金卡完全不同，所以让我在这里下车。

也不知道这是个什么村子，英语也不通，不论怎么叫喊"金卡！金卡！"，卡车不去也没有用！

司机看我可怜，决定帮我找一辆到金卡的车。

但是怎么找也找不到去金卡的车，这里本来就很少会有卡车通过。早知道这样，应该在孔索下车，大一点的城市让人心里踏实一点。

"喂！坐这车！去卡伊阿发鲁的！"

"卡伊阿发鲁……"

终于找到一辆卡车，又是去往金卡方向的。虽说村子的名字听都没听说过，但好歹搭上辆车，也只能这样

了，偏偏副驾驶的座位上还挤满了人。

"那里，那里。"

顺着司机手指的方向，我看到堆得高高的卡车车厢。

卡车的车厢里已经坐了 20 多个男人，我还要再挤上去，真是让人无奈。人挤人，好的，好的，明白了。我这人恐高，脚一离开地面就害怕，当时觉得自己必死无疑了。

卡车在有山有谷的崎岖的山路上颠簸得非常厉害，我紧紧地抓住车上绳索。本来扶住我的肩、保证我不会掉下来的手往我的胸前伸去。太可恶了！我将伸往我胸前的手啪地拨开，又立即抓住绳索。在卡车上，这一幕反复出现，小小的车厢仿佛变成打地鼠的战场。

"住手！不开玩笑！我真的恐高！"

他们笑了，相比害怕被人摸胸，我更怕高，这点让他们觉得非常有趣。真可恶……

大约 3 个小时后卡车到达一个叫卡伊阿发鲁的村子。我以为自己的手一直死死抓住车上的绳索已经留下了绳索的印，但其实我的手上什么都没有。村子里一片黑暗，连一盏路灯都没有。从卡车车厢里下来后，车上的20 个男人都变得亲切了，他们好像在对我说："刚才对不起，我们只是

觉得你怕高的样子太好玩了。"

不过，让我在这里下车干什么呢？先跟着大家走吧。大家都走得很快，也没个灯，怎么能走那么快呢？不管怎样，先跟着大家走……咚！

"啊！对不起！"

在黑人的国家，想在黑暗之中弄清眼前有没有人，真的是很难。那么，对方是怎么看我的呢？黑暗中亮闪闪的一头白猪吗？

我想着想着，害怕起来。他们要是吃了我怎么办？无论如何赶快找个住宿的地方！

"哎！你是日本人吗？"

突然我听到一句漂亮的英语。

我转身，看不太清楚，有人吗？

他用灯照着自己，开始做自我介绍。

"我是住在这里的学生。那边有旅店，昨天有一个日本人来过。跟我来。"

即使真的迷路了，现在也别无选择。我决定跟着那个男孩走，但要和他保持一定的距离。

"就是这里。"

他带我来到一个地方，那里确实有一座像旅店一样的建筑物。我朝着有明亮灯光的方向看去，隐约看到什么。只是因为逆光，看不清。

"哦呀！这是，日本人？而且还是女人。"

在这种地方听到有人说日语，还是稍微年长的声音，说的还是庄重的、稳重的日语。我一下子觉得踏实了，不知道怎么就哭了起来。这是我第一次在旅行中哭。

从内罗毕出发，我已经走了整整3天。好不容易到达目的地，一下子觉得踏实了。

这个村子里住的是邦那族人，有着和莫西族不一样的文化。我被邀请住到他们的家里，正好有人结婚，我赶上了他们的结婚仪式，我留了下来。

我从这里去埃塞俄比亚，还是搭的顺风车。有时，除此之外没有别的交通工具，有时我主动选择了这种方式。

史上最不好的记忆也许会变成最难忘的记忆，当然这是以没有受伤、生病为前提。

大家为什么喜欢扎堆去同一个地方

文 / 内田洋介

和智能手机的普及一样，我们旅行者一般都用以 Twitter、Facebook 为代表的社交网络联系。在社交网络，好像每年春天的固定节日活动一样，大家会发布镜子一样的、绝美的风景照，照片中的风景就是所谓的乌尤尼盐湖新貌。

乌尤尼盐湖位于南美洲的玻利维亚，海拔 3700 米，那里有一大片的盐原，一直延伸到远方的地平线。在每年 1~3 月的雨季里，一下雨，盐原表面就被水覆盖，呈现出大地和天空连为一体、天地宛若一面大镜子的绝美景色。这种美景用笔、用嘴都难以形容。同时也受电视节目、CM 的影响，最近两年该地人气大涨。据统计，到乌尤尼盐湖的日本旅行者已经成倍增长。顺便说一下，乌尤尼盐湖没有 Wi-Fi。你看到的 SNS 上的图和文都是旅行者回到宾馆、城市后发的，他们发图、发文时怀着怎样的心情呢？

不仅仅是乌尤尼盐湖，不论亚洲还是欧洲，都常会看到日本旅行者肩并肩地拍照留念。他们在小旅店拍、在观光景点也拍。不用说，旅行最大的魅力在于"遇见"，我对这个没意见。但是，在这里，我认为旅行的魅力还在于让停止思考的大脑再次转动起来。

如果大家真的都去同一个地方玩，会怎样呢？

出去旅行的话，不论准备得是否充分，都少不了在旅途中收集信息，少不了用智能手机查看海量的旅行信息，如果是背包客还需要翻看旅游书。由于时代的变迁，旅行的本质发生了戏剧性的改变。随着"效率化"这个魔法词汇一起，我们每个人的世界好像都扩大了。真的是这样吗？

去同样的地方，住同样的旅店，采用同样的交通方式。这样真的可以遇见偶然吗？信息的来源扩大了，谁都能找到需要的信息，结果造成某些特定的信息源人气集中，进而以同样方式前往同一个地方的旅行者增加了。虽然世界好像变大了，不经意间，由于我们自身的原因，世界又变小了，不是吗？我自己也不例外。我十几岁的时候，曾带着一本旅游书去印度旅行，对那本旅游书熟悉到想看哪一页就能立即翻到哪一页。每次翻开日记本都能看到"感谢一期一会"的句子。我不是说旅行攻略不好，也不是反对大家出门邂逅惊喜。很多人去的地方都很有魅力，见到谁、说过什么、吃过什么都成了宝贵的记忆，就算回国后仍然会和旅行中结识的朋友保持联系。但是，偶尔回头一看，最先想起的还是走完属于自己的空白地图的日子。这个地方不是自己发现的，除了我之外一定还有很多外国旅行者到过这里。再说下去的话，这里生活着充满智慧的当地人。我们不应该按照旅游攻略的内容来看待我们的旅行，否则你收获的旅行很可能和大家一样。在进行梦想中的旅行时，我的身体里还有一个"旅行者"，在冲动的刺激下，这个"旅行者"不是按照谁的博客或者书上的内容去旅行，而是脚踩大地，探索自己的路线。我认为这种旅行才是旅行的最高境界。

和拍摄在某个网站上发表的照片比起来，我认为旅行者更应该端正姿势、闭上眼睛，探寻自己想去的下一个地方。

摄影：刘雅玲

旅行中产生的怪嗜好——
为国境着迷

文 / 清水公和

海外旅行的最高境界之一是穿越国境，我是一个特立独行的国境迷。在穿越国境、国家变换的一瞬间，总能感受到狂喜。下面我介绍几个比较特别的国境。

魅惑的 T 区：巴西、阿根廷、巴拉圭

伊瓜苏瀑布是南美大陆著名观光地之一，位于巴西、阿根廷两国之间，水量和落差都是世界最大级别的，和非洲的维多利亚大瀑布、北美洲的尼亚加拉大瀑布并称为世界三大瀑布。

去伊瓜苏瀑布一般有两条路，分别从巴西的福斯杜－伊瓜苏和阿根廷的贝尔纳多－伊瓜苏这两个国境两边接壤的城市进入。另外，还可以从巴拉圭一侧的埃期特城前往。这 3 个城市被专线巴士连接，没有特别严格的检查。为了利用伊瓜苏瀑布的水力而建成的伊泰普大坝给这 3 个城市提供观光照明。千里迢迢来到南美，我想多走走，看看三国的国境纪念碑。

说是纪念碑，实际上是三角形的混凝土块，分别涂成三国国旗的颜色。交汇成 T 字形的河流是国境线，那里的景色不只国境爱好者会喜欢。说到巴西，穿丁字裤、比基尼的女性非常有名。T 区的魅力绝对不亚于穿丁字裤比基尼的女子。两个国家的国境线很常见，3 个国家的国境线对喜欢国境旅行的人来说，实在是不能不看。顺便说一句，在三国国境地带，晚上乘船偷渡的情况很严重。

一城两国：荷兰、比利时

也有城市将国境本身当作观光资源。最具代表性的就是和荷兰、比利时很复杂地嵌在一起的巴勒·拿骚和巴勒·海托赫。这两座城市位于荷兰和比利时的国境地带。

荷兰一侧的城市中有一块比利时的飞地，这块飞地中还有一块荷兰的

飞地……非常复杂。城市里到处都有国境线，居民的家、商店都跨在两个国家之上，很不可思议，源源不断地吸引无数国境爱好者。

荷兰、比利时都是欧盟成员国，在两国间往来不用做什么检查，它们的语言和货币也一样。一眼看去，几乎感觉不到有什么变化，但是，在街上走一走，就会发现一些有趣的事。两个国家的商店基本上会在荷兰一侧和比利时一侧分别设置收款台。这是因为不同的商品税率不一样。这件商品是荷兰的还是比利时的，在荷兰一侧结账和在比利时一侧结账的价格是不一样的。而且很多家庭都修有几个入口面向不同国家。这是这个城市的习惯，建在两个国家土地上的建筑物，大门朝着哪个国家，这座建筑物就属于哪个国家。住在这个城市的人在建房子时往往会建两个入口（面向不同的国家），根据税率等的变化来确定哪边是大门（便宜的），哪边是后门。这样一来，这些人家有时是荷兰人，有时又是比利时人，他们过着两个国家的生活。

这个城市有很多跟国境线有关的传闻。如杀人犯利用这个城市复杂的国境线成功逃跑；某个银行将金库建在某国一侧，但是要到金库必须从另一国的一侧通过等等。警察系统和消防系统也必须准备两套，很不方便。两国政府也多次试过割让土地让飞地消失，但是都因为当地居民的反对而流产。想想，大家反对的理由很简单，目前的状况能让两国人在生活中选择对自己有利的做法，同时国境线还是城市的观光资源，是不可或缺的。

在两国共同设置的城市观光导游站内有国境地图（免费提供），这不仅受到国境迷的欢迎，也受到普通观光客的欢迎。

国境边的购物中心：美国、墨西哥

在国境线上，有时还能看到现实的残酷，出生在国境线这一侧的人，和出生在国境线那一侧的人，生活截然不同。国境线有时就是命运的分水岭。最能体现这一点的是美国加利福尼亚州的奥特莱斯购物中心。

有很多日本观光客从洛杉矶租车前往这个奥特莱斯购物中心购物。这座购物中心的南边有一道像棒球场的外场护栏一样的墙，而这道墙的隔壁就是墨西哥。购物中心内的地图上也清楚地标着线，线的一边写着"MEXICO（墨西哥）"。

美国与墨西哥有长达 3000 千米的国境线，非法移民问题一直让美国很头疼。近年来，人们不时便会在国境上发现非法移民和毒品走私的通道——地道，美国不断加强着防护栏，防止墨西哥人偷偷入境。如今墨西哥正处于毒品战争的状态，墨西哥、美国的国境线作为毒品走私的据点，治安状况非常恶劣，而国境线的另一边却是奥特莱斯购物中心。这种反差实在是太大了。虽说美国是经济大国，墨西哥在拉美国家中也算是国力强的。即便如此，只隔着一道防护栏，两边的世界就完全不同。不断地有人冒着危险，从墨西哥非法入境到美国，其中的缘由不难理解。

机场、火车站本身就是国境：瑞士、法国

穿越国境时，让国境迷感到快乐的是比较穿越国境的难易度。和不需要护照、轻轻松松就能穿越的国境相比，严格进行出入境检查的地方更具有挑战性。后者往往意味着国境线两边的国家关系不是特别好。但也有例外，彼此友好的国家也会为了往来更加方便而在国境线上采取相应的措施，并由此产生特殊形态的国境。其中最具代表性的是瑞士和法国的边境城市——巴塞尔。这个城市最有趣的地方就是一座车站由两国共有。坐落在瑞士境内的车站建筑物里，有分属瑞士和法国的两个巴塞尔站。

入境检查在车站内，通过检查后，旅行者可分别前往各自的车站。和管理严密的国境线不同，车站本身就起到国境线的作用。没有严密的国境线，而是以成本最低的方式进行出境管理，两国只有关系友好才有可能。

位于法国一侧的机场也一样为瑞士和法国共有，里面的设置也和车站一样。而且，这个机场的租赁者还租用了稍稍有一点距离的德国机场。这个名为"欧洲机场"的机场实为3个国家共有。这实在是不可思议。对国境迷来讲真是趣味无穷。而且，这个城市也和前面说到的巴西、阿根廷、巴拉圭一样，瑞士、法国、德国这3个国家的国境线相交形成了一个T区。

本国没有的稀奇国境：圣马丁岛

如果有人问你"荷兰和法国有国境线吗？"回答时要注意了，荷兰与法国，没有接壤的国境线，但是在距欧洲很远的、加勒比海上漂浮的小岛上有国境相接，那座岛就是圣马丁岛。我曾经在电视上看到飞机在圣马丁岛上空飞翔的情景，注意到一条奇怪的国境线。荷兰和法国各占该岛的一半。这个岛的魅力在于机场边的海滩，甚至连国境迷都没意识到什么国境，但是国境线通过的地方是有纪念碑的。传说划定国境线的时候，两国曾经进

行过跑步比赛。荷兰士兵和法国士兵分别从岛的两端开始跑，双方碰面的地方就成为国境线，完美！

是真是假都没关系，有一个和国境有关的有趣的传说，对国境爱好者来说也是重要的得分点。此外，从这个岛坐船走 30 分钟左右还能到达英国领地安圭拉，又可以多玩一个国家。安圭拉的海滩非常美，建议各位将国境什么的抛一边、用心地去感受一下。

国境，说到底不过是海外旅行时要经过的一个通道而已。可能只有我这样的、有特殊嗜好的人才会将它作为旅行的目标。但是对那些把尚未体验过的事当作目标的人来说，穿越国境肯定非常有吸引力。除了上面所讲的一些国境外，世界上还有很多特殊的国境。国境线的形成和国家的历史、政治、经济、地形、人种、宗教等各种因素都有着密切的联系，对了解一个国家有很大的帮助。所以，希望大家在下一次旅行时，在看过必看的地方后，一定去国境转转。

考山路 20 年史

下川 裕治
Yuji Shimokawa

小旅馆街像生物一样会呼吸。考山路是泰国，不，或许是全亚洲最大的小旅馆街。如果从它诞生的那一刻开始看，它的兴衰就和人的一生一样。

这么一说，是不是有人认为受考山路再开发浪潮的冲击，背包客完全消失了。其实不是这样，至今仍然有背包客从世界各地来考山路，这里仍然是世界最有名的小旅馆街。只不过，这里已经很难找到日本人的影子，它已不再是日本背包客的去处了。

在考山路经营旅馆的泰国人可能会说"日本背包客曾在某个时期席卷这条街，等你刚意识到，他们又消失得无影无踪了，这到底是怎样的民族啊？"

追溯一下在考山路聚集的日本背包客的变迁，就能明白，为什么小旅馆街让人觉得它会像生物一样呼吸。

考山路小旅馆街是在距今 40 多年前形成的。考山路位于马来西亚酒店旁边，以拉玛四世大街为开端的一条路。那时，背着行囊、乘着公交车而来的主要是欧美国家的年轻人。在以欧美为中心的学生运动，如反战运动、巴黎的骚乱中遭遇挫折的年轻人，开始把目光转向价值观不一样的亚洲。

日本的年轻人追随了这一潮流，"全共斗运动"结束之后被压抑感包围的日本年轻人去了印度，在从印度回来的时候来到了考山路，可以说那是日本的背包客在考山路生活的黎明期。

也许是欧美人和日本人性格特点不同，住进欧美人旅馆的日本人一个又一个地搬到了唐人街上的旅馆，使那里形成了以乐宫旅舍、朱莱酒店等为中心的日本人的小旅馆街。

马来西亚酒店旁边和唐人街附近的小旅馆我都知道。在廊曼机场降落之后，乘坐 29 路公交车前往被称为华南蓬的曼谷中央火车站，从那里步行就能到唐人街。如果要去马来西亚酒店，还要坐一趟公交车。我曾在公交车站一边观察进站的公交车的番号，一边感受着肩膀上行囊的重量，汗不断地往下淌。

在 30~35 岁，我曾多次入住唐人街的旅馆，那里住满了从印度回来的日本人。

在那里，我已经听说考山路。听说面向欧美人的小旅馆一家一家地建了起来。不久，考山路的地盘扩大，将马来西亚酒店旁边住着的欧美人和唐人街住着的日本人都招揽进去，据说还要进一步扩大。

从 20 世纪 80 年代的后半期开始的大概 20 年时间，是考山路的全

盛时期。那是一条很方便的街，有旅行社、便宜的饭馆、便利店……其中日本人的小旅馆也一家一家地诞生了。泰国人还开了便宜的日本美食店，还有卖日本漫画的店。

那个时期，我非常喜欢泰国，一直在泰国生活。从日本来的很多熟人都住在考山路。说着从别人那里学来的旅馆的名字，顺着小路往里走，突然耳边就传来了说日语的声音。再一看那家的招牌，发现它正是自己要找的旅馆。

到考山路的日本年轻人数量突然暴涨是在猿岩石繁荣的时候。两位年轻的艺人几乎不带钱、一路搭顺风车，从亚洲前往欧洲的旅行被做成电视节目，在日本引起了强烈反响，掀起了以艺名猿岩石冠名的繁荣。节目虽然号称实况录音，人们还是很快发现那只是表演。但这阻止不了花很少的钱、住便宜的旅店、走着去旅行的背包客式旅行一下子成为市民的最爱。

但是，单纯辛苦的旅行还不能繁荣起来。青年多会选择绕曼谷和新加坡一圈的路线。美国系航空公司开通了东京—曼谷、东京—新加坡航线，年轻人只购买从东京到曼谷的单程机票，然后是从新加坡回东京的机票。

Open 票通常比较便宜。日本的年轻人到达曼谷后，首先会去考山路，

然后从考山路出发，乘坐巴士或火车去新加坡，也就是说，在从曼谷到新加坡的这段路上当背包客，体验一下时髦的旅行方式，这种旅行给人很强的游戏感。

曾经去过印度的背包客对猿岩石繁荣多持批判态度。

"从曼谷到新加坡走陆路旅行，从难易程度上看，也只是初级的旅行，又不需要办签证，又不用经过出入境检查，巴士、火车的班次特别多，只要会简单的英语就可以买票。这也算背包客？"

但是，年轻人听不进这些背包客的话。当然，旅行者也在不断进行新陈代谢。到一个未知的城市，如何交住宿费，如何在被亚洲潮热空气席卷的巴士站买车票，实际上，这些在旅游攻略上已经写得清清楚楚，但也会发生一些意想不到的麻烦。解决这些麻烦也是快乐的事。护照上盖着 3 个国家的章，就如同勋章一样，最后在新加坡他们也会和很多人一起住进好一点的酒店，或去免税店购物。大部分海外旅行者要做的事，他们都乐此不疲。

因为这些"不算背包客的背包客"的涌入，考山路的小旅馆街膨胀起来。

但是在猿岩石繁荣的过程中，也有其他风格的日本旅行者集体出现在

考山路。一位在考山路经营日式旅馆的日本人这样对我说：

"在春、夏旺季，学生们一拨接一拨地来这里旅游，等这个时间段过去，又突然来了很多日本人，他们的年龄在 25~35 岁，看起来已经有工作经验，每天都能保证付清住宿费，是早上才决定是否继续住、然后付钱的那类人。我打听了一下，他们要么说公司破产了，要么表示自己已经从公司辞职了。"

想体验背包客游戏的年轻人天真无邪，但在学生之后来考山路的日本人，背上则有日本经济不景气的重负。

"考山路，仿佛是日本社会的一面镜子。看看他们的背影，就能知道日本的经济状况。"

随着"临时工"等词在日本的普

及，契约社员和派遣社员大量增加。

于是在考山路又出现了一批新的客人。人们依然可以通过考山路了解亚洲背包客的生活背景和日本的现状。越来越多的人发现在日本以派遣、勤工俭学等方式拼命工作三四个月，存够 60 万~70 万日元（3.5 万~4.1 万元人民币），就又可以在考山路生活好几个月了。他们就这样一年一个周期地过下来，这也是一种生存方式。

他们身上既能体现"有钱的日本人"概念，又反映了学校教育提倡的"劳动是美德"的价值。但是，在考山路让泰国的风一吹，他们才发现要跨越那根红线也不是那么难。

"是吗？还有一种生活方式叫海外旅行，不是吗？"

也有人拍着大腿说。

但是，回头再看，日本人从考山路的小旅馆街离开的时间正好也是海外旅行兴起的时间。

以海外旅行为生活方式的日本人

尽可能地控制着每一天的花费。按照他们的金钱观，考山路的旅馆太贵了，假设住一晚 150 泰铢的房间，一个月就要花 4500 泰铢。但是，在曼谷中心城区外能找到比这更便宜的公寓。于是，他们一个一个地从考山路消失了。与此同时，以派遣社员为标志的日本经济也在衰退，崇尚海外旅行的这些人不能再像往常那样在日本工作下去了。

他们还要在曼谷生活下去，便只能在曼谷找一份收入低的工作，维持生活。对这样的海外旅行者来说，考山路的小旅馆实在是太贵了。

这些人是考山路旅游的试水人。日本人离开考山路的重要原因其实还在于背包客旅行本身没有在日本年轻人心中扎下根。它只不过是一时的繁荣。对年轻人来说，日本的就业环境越来越严苛了。

背包客反映，出国旅行本身褪色了。

我曾经参加过一个关于年轻人为什么不再出去旅行的讨论会，与旅行相关的协会和公司出席了会议。一个学生这样问：

"一个从没旅行过，大学时间都用来学习的毕业生和一个休学一年、周游过世界的学生同时应聘，大家对他们的评价差不多。这个时候，你们会录用哪位呢？"

一位60多岁的人毫不犹豫地答：
"休学一年的。"提问的学生反驳：
"我认为这是假话，和学长告诉我们
的完全相反。在公司里，有人事任免
权的应该是40多岁、50多岁的人吧，
比您要小一些，他们认为，没出去旅
行过的年轻人更听话……"

学生敏锐地察觉到日本企业的
氛围。

经济环境衰退时，人们变得保守，
这个是当然的。在这样的大环境中，
不会有人对年轻人说"出去旅行"，
也不会有人往他们的行囊里塞衣物。

另一方面，网络社会进步飞速，

通过互联网可以简单方便地预订曼谷
的廉价酒店，没有受背包客文化熏陶
的日本青年，未经过思考就按下预约
键。网络预约困难的考山路小旅馆和
大家的生活越来越遥远了。

按照马克思经济学的螺旋状发展
理论，日本青年的旅行方式可能已经
完成了一个轮回。位于欧亚大陆东端
的岛国上的人开始选择在国内过安稳
的日子。

"考山路是日本社会的镜子。"
看看考山路的小旅馆街，会发现已经
完全找不到日本人的身影，你就能明
白这句话的意思了。

第 **5** 章

意外事件决定
旅行的成败
（危险应对篇）

001

海外旅行也存在一定风险

海外不如中国那么安全，那么舒服。虽然杜绝麻烦很难，但你至少可以尽量减少它们发生的频率，将损失和伤害控制在最低。旅途中你可能会生病、会受伤、会遭遇强盗，甚至遇到在中国完全想不到的犯罪。

不生病最好，可你还是要准备好药品、买好保险，以便万一生病时能立即获得治疗。防范强盗也是这样，多掌握犯罪的时间和危险地区的信息，只要小心谨慎就能降低其发生的几率。总体上来讲，和发达国家相比，在发展中国家遭遇犯罪的可能性要高一些。在泰国、印度尼西亚、摩洛哥等国家旅行更容易遇到麻烦。当然，在欧洲、美国等发达国家和地区也不能大意。各个观光地都有以偷东西为生的人。而美国，持枪的人不少；巴黎、罗马等观光胜地，犯罪也很多。

在火车站、机场、观光地要格外小心。

亚洲人特别容易被坏人盯上，一旦对方得知你是亚洲人，便开始打你的主意。不要和别人说你的行程，不要告诉别人你住在哪个酒店。在中南美洲等歧视东亚人的地区，在中东等伊斯兰教戒律严格的地区，都要提前了解当地的风俗习惯。

碰到麻烦也别慌，一定会有解决的办法，提前储备知识，以便在意外降临时能迅速看清全局，避免犯罪事件发生在自己身上。

习惯旅行的人，会自然地学习处理麻烦的方法，为了避免在第一次遇到麻烦时受伤，或被迫回国，必须全面考虑问题，防患于未然，以备不测。年纪大的人、情侣、单身女性都容易遇到麻烦。为了不让特意安排的旅行以悲剧收场，一定要做好信息收集工作。

◆ 旅行中可能遇到的麻烦

疾病	传染病 水土不服 感冒、腹泻	有的病会致命。新到某个地方可能水土不服，要掌握预防措施。
虫	疟疾 臭虫	要特别注意疟疾。该病由蚊子叮咬传染，可能致命，必须小心。
事故	交通事故 体育事故 遭难	乘坐交通工具和观光时，或身处不熟悉的地方，谁也不知道会发生什么事故，在海外乘坐交通工具发生的事故也比较多。
受伤	伤害事件 摔跤 骨折、烧伤	可能被卷入犯罪事件，在观光中摔跤、骨折、被烧伤、住院等。
性犯罪	强奸 痴汉 性侵	不仅是女性，也有男性也必须提防强奸的危险地区。女性在伊斯兰教地区要特别小心。对人越亲切越可能被袭击。
强盗	勒脖子 刀 手枪、安眠药	被人用刀子或手枪杀死、被勒脖子的案件不计其数。旅行者容易在晚上被盯上，所以外出时要谨慎。
当地人	种族歧视	在有种族歧视的地区，处理重要事务前要了解当地状况，这很重要。
宗教	酒、肉 戒律 纷争	携带酒入境在有的国家被视为犯罪，注意绝对不要做被视为禁忌的事。
欺诈	西洋纸牌 货币兑换 假警察 伪造出租车里程数	21点纸牌诈骗、货币兑换欺诈、伪造出租车里程、假警察等比较多。
流氓	小白脸 结婚欺诈	女性旅行时要对那种热衷和异性厮混的流氓格外小心。有很多骗钱的小白脸，一定要注意，千万别上当。

避免发生麻烦事的策略

文 / 二宫信平

到 2013 年 6 月，我已经去过 105 个国家，一次也没有遇到诸如被抢、被调包等人为制造的麻烦事。有人对我说"你真厉害！"，我也为自己感到骄傲。我猜在中南美洲旅行，80% 的人会遇到或大或小的麻烦事。而且一旦遇到一次，就会有第二次、第三次，麻烦事会有越来越多的趋势。

我防范麻烦事的第一策略就是"靠脸"，感谢父母给了我一张看上去像外国人的脸，但并不是有这么一张脸就够了，当然还得有防患于未然的策略。即使有一张一看就是亚洲人的脸，在亚洲各国旅行，模仿当地人的穿着打扮也能在一定程度上减少危险。我曾经去阿富汗旅行，刚到那里时穿着平时穿的衣服，拿着相机到处走。当地人看我的眼神刺痛了我，让我意识到这里是危险地区，这样做很不妙。于是我就像当地人那样披块布在身上，打量我的人一下子少多了。你的脸长得和他们不一样，这是显而

易见的，但是，只要你远远地看起来像当地人，就会大大减少被强盗袭击的概率。特别是走夜路时，这非常有用。

其次，服装也很重要。尽量穿皱巴的 T 恤、不起眼的凉鞋，让自己怎么看都不像有钱人。最好不要佩戴金属类的看起来很贵其实很便宜的饰品。在国内，大家一看就知道谁是有钱人，谁不是，在海外也一样。穿成穷人的样子能有效防范犯罪，也别忘了，很多人一看你是中国人就认定你是有钱人。虽然有人会说自己是穷游者，真的没钱，但是身在海外这一点就证明了你至少有钱出国。就算你身上没钱，对方也可以把你的相机抢走，拿到黑市去卖，在很多国家一个相机的钱比普通人一个月的工资还多很多。所以不要因为在 T 恤上弄了很多的洞、穿着很脏的凉鞋，就放松警惕、掉以轻心！

我曾多次前往海外，每次都会将

背包（最近是行李箱）、适合放电脑的轻便型背包、腰包、腿包、钱包等全带在身上。

托运的行李里面一律不放贵重物品，将贵重物品放入行李中托运的人，很多被偷过。有人在行李上挂锁，无疑是告诉人家"这里面有贵重物品"，反而更容易被盯上。国外的航空公司还发生过托运行李里物品丢失的事情。我会把电脑、相机、便携灯等贵重物品及对旅行而言非常重要的物品，比如旅游指南，装在轻便背包中。将护照、现金、信用卡、银行卡等和钱有关的东西放在腰包里。腿包中放的东西和腰包中放的一样，进入危险地区或者强盗经常出没的地区时使用腿包。在欧美旅行，腰包的作用就不是藏贵重物品，而是作背心口袋。只要你做了从腰包中掏钱的动作，专门抢旅行者的人就会注意你的腰包。不要过于信赖腰包，把重要物品全收进裤子口袋要比把它们放在背心口袋里安全。

然后就是要考虑哪些是在旅店中不能离身的东西、必须随身携带的东西。判断到底哪些东西不能离身非常难，最基本的有护照、现金、卡、相机等。电脑也算贵重物品，如果觉得放在旅店中不安全，也可以装入包中带着走。需要注意的是，有的国家要求出门必须携带护照。不过，虽然有些东西可以放旅店，也不能太大意。我会将贵重物品装在最大的包中，然后用绳子绑在床上。如果只有贵重物品，就把它们藏起来，贴在床的背面。虽然麻烦些，但若真有小偷进来，就算准备偷，也会很着急，要尽量浪费他的时间！床下面一般都有空间，从床下往外拿东西很麻烦，所以要把行李塞到里面。如果是那种上下铺的床，就把行李放在上铺的最里面。再在背包上盖上被子，看起来像有人在睡觉。也许有人会问"至于这样做吗？"，反正我一次都没被偷过，我的做法仅供大家参考。

为什么要把行李放在旅店里呢？因为逛街的时候最好甩着手走。背着大包逛街，容易遇到专门偷包的人。不把贵重物品带身上，如果要带旅游攻略，就把它装在透明塑料袋里带着走。

在治安很差的地方，强烈建议这样做。我出门的时候基本只带一个肩包。钱包和相机上都有防盗链。防盗链的作用也经常被大家夸大。常见的防盗链都是金属制的，我使用的则是在尼泊尔买的粗麻制品。我也听说过防盗链被铰断，钱包被偷走的事。我猜小偷可能有割断金属的工具。我使用的是签字笔那么粗的麻制防盗链，普通钳子根本就割不断。当然如果小偷用的是特别厉害的剪刀，那就另当别论。要是他连这都带了，只能说我运气太不好了。

空手拿相机或者智能手机的人，如果穿有拉链口袋的裤子，防盗会大大提高。口袋有没有拉链差别很大。我有一条腹部有拉链口袋的外套，我拿它当宝贝。

世界上有很多地方，即使白天也会发生危险，被认为是世界治安最差的地方的约翰内斯堡中心，白天都不建议走。我本想从巴士站走过去，半道就被警察拦住。就算去近在眼前的银行也要坐出租车。虽然有点极端，但类似这样的地方，到处都有，一旦城市大到一定程度，贫民街、散发着危险气味的地方就多起来。这些地方的民居、小区往往都有铁栏杆围着，当地人都很少走出来，一看就能推测它的治安状况。注意，要边走边观察周围的情况，否则，很容易在不经意间进入危险地带。小旅馆附近多会有危险区域。

在小旅馆、观光地等旅行者集中的地方，有用日语或英语和你搭腔的人，如果对方只说一句两句话，那多半是在招徕客人。如果一个劲地说很多具体的事，多半是坏人。偶尔会遇到好人，但是我只在火车上、飞机上遇到过几次和我攀谈的好人，其他的一律让人无法信赖。别人和你搭腔，是不是要信任对方关键看对方说的是什么。如果是无关紧要的事，就可以信，如果问"打算去哪儿"最好半信半疑，千万不要跟着对方走。不过，我自己也曾跟着旅途中认识的人走过（笑）。区分好人、坏人并不容易，很多人想跟当地人多接触、融入他们的生活，越是这样，卷入犯罪的可能性就越大。大家一定要认识到。

还有，将自己的旅行路线告诉当地人也很危险。虽然你希望和他们没有隔阂，但横穿亚洲、周游世界可能完全超出他们的想象。说话是要分对象的。

在一些地方，和陌生人说你的旅行计划，就相当于明确告诉对方你带着路费。而且因为哪里都有有组织的小偷，你的信用卡也不安全。对方把你的话套出来后，很可能会在你整理好行李准备离开时袭击你。

常听人说乘坐夜班巴士或夜行列车，一觉醒来，一睁眼就发现行李没有了。乘坐巴士的时候，可以将大件行李托运，但是也不能保证百分百安全，托运的行李也可能被盗。巴士进入休息区或者进站时，你不可能一直盯着行李，所以只能选择安全性比较好的巴士公司。最好把装电脑的轻便包放在自己肚子上，抱着它睡觉；或者放在脚旁、绑在前面的椅子上，缠在自己腿上。装电脑和相机的包，绝对不能放在头上的行李架（电车的话是网棚）上。如果乘坐夜行列车，尽量买下铺，把大件行李放在离自己近的地方，因为下铺的空间大可以多放行李。在印度，由于盗窃案件频发，一些车厢会成套出售锁和挂锁，让你将包锁在列车的柱子上。在其他国家旅行，最好也能这样做。将轻便包当枕头枕在头下是最安全的。最后，如果乘客没有对号入座，无论白天还是晚上，跟带孩子的人坐在一起会比较安全。就算家长是小偷，他们通常也不会当着自己孩子的面偷东西。这应该是全世界通用的逻辑吧。

有相当多的非洲人一看到东亚人，就会真心认为他们都像成龙那样会功夫。不少亚洲人在非洲被误当成非常著名的电影演员成龙，被喊"杰克·陈"，甚至还被要求"来两下瞧瞧"。西非的人确实高大（虽然这么说，其实也就是身高够高，身材基本上都是细长型），但东非人却几乎都是小个子。我们对非洲人的印象可能受 NBA 等美国电视的影响。电影电视的影响是相互的，我们要用好这些先入为主的概念，例如有时需要在晚上从车站走回旅店，就可以比划两下身手，让人以为你真的会功夫（笑）。我初次到南美洲就知道当地犯罪率高，所以借当时正流行的《最后的武士》的风，做了个武士发型。每到一个危险的地方，在不影响他人的情况下，都以伞代刀舞两下。要知道电影的影响绝对很大，所以这样的防范措施也是可行的（笑）。也许有人认为"太过分了吧！"但遇到危险，在未知地带，为避免歹徒袭击，有必要这样做。

002

应该注意的疾病，应该采取的预防措施

即使待在国内，也没有人会永远不生病。在海外时，由于精神紧张、对环境不熟悉，人的身体会变差，难免生病。

如果是可以自愈的感冒，吃点从国内带来的药可能很快会好，但如果吃了自带的药也不见效，可以试试当地的药。

至于传染病，在进入传染地之前要做好预防性接种，疫苗有很多种，如黄热病、甲型肝炎、乙型肝炎、破伤风、狂犬病、麻疹、风疹等（详细内容参见第206页）等。具体看你要去哪里，提前算好日程到保健所接种。

至于疟疾，目前没有预防性接种，要么带上预防疟疾的药去旅行，要么在出现感冒症状后立即就医，否则有生命危险。这一点必须要注意。疟疾会让人一会儿冷一会儿热，很容易被误当成感冒延误治疗，要特别当心。

可以带到国外的备用药有很多，如整肠剂、止泻药、抗生素、胃药、电解质溶液粉末、净水剂、镇痛剂、高原反应预防药、疟疾预防药、驱蚊虫药等（详见下页），不一而足。根据自己的身体状况选择适合自己的药，或者直接带自己习惯用的药。

有时，从国内带的药可能不见效，用当地的药反而好了。如果用了当地的药病情也没减轻，或者病情严重到难以忍受，不要犹豫，马上去医院。为了入院顺利，一定要在出国前买好相关保险。有了保险，才能方便地随时进医院。如果没买保险，即使病得很严重了，可能也没法在短时间内入院治疗，得不到及时医治。

要做好会生病、得传染病的思想准备。如果打算去易染上疟疾的西非，就要准备好治疟疾的药。如果打算去黄热病流行的地区，就要提前接种黄热病疫苗。总之，你要想到自己将要面对的危险，并以此为基础做准备。当然，全部接种会让你更安全，做到有备无患。

海外旅行带什么药比较好

文 / 河本 BOARA

经常服药的人最好携带药的英文处方，既方便告诉别人为什么携带这些药，又方便在药用完后于当地购买。

实际上，我们用药的时候并不多，只有在不吃就会有危险的紧急时刻，或者医治急病的非常时刻才用，还不能服用过量，不能滥用。用药是有讲究的，盲目的服用止疼药可能会忽视身体的疼痛信号，强忍不适不肯吃药又可能造成无法挽回的恶果，下面我就讲讲常见的一些能保护我们身体的药。

● 整肠剂（非处方药）

庞拉苦明等乳酸菌剂比较温和，基本可以放心使用。此外，将其作为预防用药，也有一定的效果。

● 止泻药（处方药、非处方药）

适用于因吃得太多造成腹泻或者由于精神紧张造成的神经性腹泻等，可救急，不可多用。不适合缓解细菌性的腹泻。因为一般人很难判断腹泻类型，所以腹泻时最好就医。最有名的止泻药是正露丸，其成分药效很强，少用为好（仅限于临时性服用）。

● 抗生素（处方药，在当地医院获得医生处方后方可使用）

在发生化脓、细菌性肠炎等细菌性感染时服用。有些情况服抗生素反而会使病情恶化，所以，若所在地医疗条件不佳，或者身处无法获得及时救治的情况，绝对不要用。

● 胃药（处方药、非处方药）

胃肠弱的人要提前找医生开好处方。

当然，最好是非处方药，如快速见效的制酸药。

● 电解质溶液粉末（非处方药）

腹泻严重时，为了补充电解质，需将粉末状的勃卡利斯艾多等溶于安全的水中饮用。

● 净水剂（登山用品店、旅行用品店）

次氯酸钠制剂"比优阿"等购买起来比较方便，买不到水的时候，滴两三滴在水里，混合均匀就能消毒。

● 镇痛剂（非处方药）

百服宁、阿司匹林等对轻微的头疼、牙疼、生理疼有镇痛作用。

● 预防高原反应的药（处方药、非处方药）

五苓散（中药）、达伊阿莫库斯等药品可调节人体内的水分，可在一定程度上预防高原反应。在中美洲旅行，建议使用"索罗乞皮鲁"，这种药同时也用来医治关节炎。

● 预防疟疾的药（处方药）

长期服用预防疟疾的药可能产生副作用，可以将其作为预防用的内服药，或者缓解疟疾症状的治疗用药带走。最近，大阪大学正在开发一种疟疾疫苗，临床实验表明这种疫苗的效果达到 70% 以上。

● 驱蚊虫药（非处方药）

蚊帐虽然不是药，体积也大，但就防蚊虫方面，效果相当好。可以和用于封堵洞孔的胶带配合使用。

TRAVELER'S MEMORY

旅行中饮水不当造成的腹痛

文 / RANBORUGINI TAKORA

"在很多地方都不能直接饮用自来水管中的水，否则会腹痛，需要购买矿泉水或者蒸馏水作为饮用水。"不知道你是否听过这样的提醒，因饮用不干净的水而腹痛、发烧、呕吐的人真不在少数。难得出去一回，很多人不得不因此中断旅行。

就算购买矿泉水或蒸馏水，也务必多加小心。

曾经就有饮用水厂家将未经过滤的自来水灌入矿泉水瓶中出售。被曝光的这家公司用的还是从卫生间接出来的自来水，就这么做了好几年，直到 2012 年被警察查获，事情才公之于众。现代社会中竟然还会发生这种事，矿泉水都有假货，真让人吃惊。不论怎么小心，也想不到这样超出自己常识的事，我们就这么成了受害者。在台湾，士林夜市被当成背包客和美食家的宝地，有很多的小摊。蚵仔煎（牡蛎煎鸡蛋）是名小吃，不论是当地人还是外地人都很喜欢吃，又美味

又不会吃坏肚子，完全不用担心。"那个……太好吃了。我还想再去吃一次。"如果带着这样的想法再去夜市，就会掉进陷阱。很多人在认定"这里的食物很安全"后完全放下警惕。在水果摊前，老板当场为你削好皮、切好块，递到你的手中。见色彩鲜艳、在国内很少吃到的水果摆在眼前，很多人一不留神就吃多了。我就因为一口气吃掉一份切好的水果而腹痛，不得不卧床 3 日。在小旅馆的房间里，同行的瑞典人被折磨得瘦了 7 千克。

究其原因还是水有问题。有人会问了，明明吃的是水果，怎么成了水的问题呢？实际上，水果摊的老板在切水果前会用水稍清洗一下切水果的刀。台湾比冲绳还靠南，处于热带地区，水果刀就那么放在小摊上，水和果汁混在一起，干燥蒸发后，很容易滋生细菌。新客人来了，水果摊的老板用这刀给客人切水果，细菌就跑到切好的水果上去了。我对水果摊的

水果质量毫不怀疑，一时间怎么也不明白是什么导致腹痛。直到一个在菲律宾有类似遭遇的旅行者为我做了解释，我才明白，完全没想到会是这样。

旅行中，只有在回到旅店后，才能放松一下。当天计划去的地方都去了，可以喝一点酒，悠闲地度过一段时光。如果预算有富余，人会忍不住想奢侈一下，作为对之前节俭的补偿。有时，我会去逛小摊，有时会去漂亮的酒吧。有次去体育酒吧，我刚好赶上快乐时间。所谓体育酒吧就是在酒吧里用大屏幕电视机或显示器播放足球、棒球等体育节目的酒吧。在称为"快乐时间"的时间段里，为招徕顾客，酒吧会提供便宜的酒水，例如半价啤酒。快乐时间大多会从下午开店时开始，一直持续到下午6点。但有时，"快乐"只是一种错觉。酒吧里的酒少不了要加大量的冰。这些冰是从哪里来的呢？如果是前一天准备好的，前一天就放入冷库的，那么，为了保存它们，一晚上要用掉不少电。所以，大部分酒吧的冰都是当天准备当天用完，在第二天营业前再购入新的冰，这样经营的成本就会低一些。

冰块供应商将大根的冰柱装上卡车，给无数家店配送，最后才配送业务少的店。问题来了，冰在配送的过程中溶化，将卡车的车厢弄得湿乎乎的。配送工人在车厢里走来走去，冰碰到车里的脏水，很容易就被污染，而"快乐时间"用的冰又都是从冰柱表面切下来的、最外面的冰。如果不小心点了冰镇威士忌的话，想想这些冰，快乐时间就变成不快乐时间了。

旅行中的疾病与预防

文 / 中岛侑子

　　说到旅行，人们会有各种各样的担心，很多人都会发愁，在旅行中生病该怎么办。是做预防性接种，还是吃药？我是一名医生，曾经花 3 年的时间当背包客旅行。下面我就介绍一下我自己在周游世界前接受的预防性接种以及旅行中携带的药品，供大家参考。应该接受哪些接种，要看你打算去哪些国家或地区。考虑到药物可能有副作用，我建议大家尽量咨询一下专业人士。

● 预防性接种

　　预防性接种的疫苗分为活疫苗和灭活疫苗两种，不同的疫苗接种的间隔时间不同，原则上，活疫苗是 4 周以上，灭活疫苗是 1 周以上。但是，连续接种同一种疫苗，间隔时间往往各不相同。这一点一定要注意！

　　疫苗名字下有（生）的表示是活疫苗，（不）表示是灭活疫苗，数字表示接种的次数。

　　黄热病疫苗（生）①：黄热病是以蚊子为媒介传播的病毒性感染症，致死率为 5%~10%。在它的流行地区，这个数字也可能达到 50%~60%。去非洲、中南美洲旅行，有些国家会在入境时要求你提供黄热病的预防接种证明。实际上，虽然很多国家都有这方面的规定，但我旅行 3 年，只有在前往坦桑尼亚的桑给巴尔岛和申请巴西签证时出示过这一证明。

　　日本做预防性接种的地方比较少，不同的医院对此还有不同的规定，比如，有的医院要求必须提前一个月接种，这个要注意。

　　黄热病预防接种证明的有效期为接种后第 10 天 ~10 年。

　　甲型肝炎疫苗（不）③：甲型肝炎大多数由食用被甲型肝炎病毒污染且加热不充分的水、蔬菜、鱼贝类等引起，也有因性行为被传染的。第一次接种和第二次接种的间隔为 2~4 周，第三次接种则在 6 个月后。三次接种的有效期为 5 年，出国前最少要接种 2 次。

乙型肝炎疫苗（不）③：乙型肝炎病毒以血液为介质传染，主要传染途径有母婴传染、性行为、输血、器官移植、文身、针刺等。第一次接种和第二次接种的间隔为 4 周，第三次接种为 6 个月后，有效期为 10 年。

破伤风疫苗（不）③：全世界的土壤中都有破伤风菌，它经伤口感染人体。破伤风疫苗属于婴儿定期接种的三种混合疫苗 / 两种混合疫苗。但是，1968 年以前出生的人所接种的疫苗中没有破伤风疫苗。1975—1981 年，由于发现混合疫苗有副作用，日本曾一度中断新生儿破伤风疫苗的接种，在这个时期出生的人可能也没有接种过。

第一次和第二次接种的间隔为 4 周，第三次为 1 年后。三次接种后有效期为 5~10 年，到期后再接种一次，有效期又可延长 10 年。

狂犬病疫苗（不）③：若被感染了狂犬病毒的动物咬伤，就会感染狂犬病。狂犬病毒从伤口进入人体，经神经到达大脑神经中枢，就会发病，出现症状。被咬的部位不同，潜伏期也不同。被咬的部位距离大脑越近潜伏期越短，反之越长。有的人在很多年后才发病。

发病后的死亡率几乎是 100%。旅行中，不仅要当心狗，还要留神猴子、蝙蝠等。一定要注意，一旦被咬伤，必须尽快接种狂犬疫苗（已经接种过狂犬疫苗的人也一样）。

把被咬后接种疫苗的日子定为第 0 天，在第 3、7、14、30、90 天都要接种，总共接种 6 次。

麻疹、风疹疫苗（生）

1989 年 4 月 1 日前出生的人要注意！以前只接种一次，但是一次不够，所以现在都接种两次。特别是女性，如果在怀孕期间得了风疹，胎儿就有可能患"先天性风疹症候群"，伤害眼睛、耳朵、心脏等。就算不考虑旅行、一辈子都待在国内，也要进行接种。

以上就是我接种的疫苗。我告诉工作人员，我要去什么地方，他们就建议我接种相应的疫苗。很多人经常搞错一个问题，这里提醒大家：疟疾没有疫苗，没有预防性接种！

疟疾：前往疟疾流行地前，要学会灵活运用驱蚊虫喷雾、长袖长裤、蚊帐等，这很重要。含 DEET 的驱蚊喷雾效果比较好，但日本国内的喷雾大多只含 10% 左右，在海外倒是能找到含量高达百分之几十的。虽然没有针对疟疾的预防性接种，但有预防疟疾的药，常用的有马拉龙、麦发今、多基西塞库林等。我只吃过日本唯一认可的麦发今。常常听人说这个药的副作用是让人更容易"做噩梦"。

以上就是预防性接种和预防药的简单说明。全部备齐的话，需要花费10万日元（约6000元人民币）左右。

对那些为旅行攒钱的人来说，这是一笔不小的支出，让人心疼。

医生也生病

在旅途中碰到的人也有在海外接种疫苗的。在海外接种，可能相当便宜。在日本接种黄热病疫苗需要1万多日元，但在泰国接种，价格据说只有日本的1/10。可以根据目的地和路线做接种计划。

我是这么写，其实刚到乌兹别克斯坦，我就因为热射病病倒了。

备用药

我在国内时不怎么去医院，也不吃药。感冒的话，只要好好吃，好好喝，好好睡，自己就会好。在海外也是，稍稍发烧、腹泻，也不去医院，而是在旅馆里休息（如果连续数日不见好或者痛得特别厉害要立即去医院）。

身体状况不好时，旅店的条件就变得重要了。尽量住清洁、能淋浴、房间里有卫生间的，再有就是旅店里有本国人，旅店的工作人员都待人亲切……在这样的旅店里调养身体实在是幸运。

住青年旅舍发生腹泻容易发烧，住不干净的旅店，腹泻时也容易发烧。如果附近有好一点的旅店，最好搬过去，要是连搬的力气都没有，就只有在原地接受治疗。

为了避免出现这种情况，最好在刚刚感到身体异样时搬到条件稍微好一点的旅店，修养身心，防止病情恶化！

我从国内出发时带了大量的、多得吓人的药，但途中又将它们送回来了。之所以这样，是因为日本的感冒药不怎么起作用，在印度的医院，我喝下医生开的处方药，几乎瞬间就被治愈了！可能因为印度的药比日本的药劲更强。对身体好还是不好，我不知道，但效果很好是一定的。从那以后，患感冒时，我都是在当地找药治疗。

后来，我带的药只剩下高原反应药、解酒药、止泻药、胃药、解热镇痛剂。

在国内，我不建议大家在腹泻时吃药止泻，但是对着急赶路的背包客来说，不止泻不行。于是，我就按当地人的量服，不想便秘3天。这种时候还是要适当调整药量。以上就是我的"与旅行者有关医疗事项"。

防蚊虫

不能轻视的防蚊虫措施

　　长期旅行的人必须采取驱蚊虫的措施，被蚊子叮咬而患上疟疾住院、被臭虫咬得乱七八糟的事发生了很多起。

　　在非洲西海岸，疟疾很常见，在有经验的旅行者间发病率也很高，在非洲东海岸也不能掉以轻心。有一点需要注意，疟疾没有预防性接种。

　　对蜱虫、跳蚤、臭虫也要多加留心，它们大多潜藏在旅店的床和阴暗潮湿的脏屋子里。眼睛看不到的跳蚤会在你睡觉时咬你的皮肤，让你痒得受不了。到旅店后，记得先检查房间，若怀疑毛毯里有虫，就别用毛毯，先采取驱虫措施，然后再睡，可以在中午时分晒枕头。

　　旅店大多不会因为床上有虫就将床换掉，而是继续使用有虫的床，这样的旅店会有关于臭虫的传言。在有臭虫的旅店、很多人得疟疾的地区一定要特别注意，这些是铁的原则。

　　不采取防蚊虫措施，得病就痛苦了，疟疾可能致命。如果不想被蚊虫咬的话，就从被蚊虫咬过的人那里多了解一些信息，一开始就采取彻底的防蚊虫措施，并养成习惯。以下是防蚊虫措施。

　　简单易行的防臭虫、蚊子的措施：

　　（1）床下铺防蜱虫床单；

　　（2）用防虫床单将床盖起来；

　　（3）用胶带固定；

　　（4）在床上和床周围喷驱蚊虫喷雾；

　　（5）在房间里喷混合式驱蚊虫喷雾；

　　（6）开着灯睡觉。

　　简单易行的防疟疾措施：

　　（1）随时在裸露的皮肤上喷防蚊喷雾或涂防蚊药；

　　（2）无论多热都坚持穿长袖长裤；

　　（3）使用驱蚊用品；

　　（4）将预防、治疗疟疾的药随身携带，怀疑自己得疟疾时，即使吃了药，也要立即去医院。

讨厌的臭虫

文 / 窪咲子

在国内的时候，我对臭虫的了解仅限于臭虫这个词，真正知道这个东西的可怕，是在旅行了一段时间之后。我在菲律宾碰到一个旅行者，他在泰国被臭虫叮咬后疯狂地挠手臂，手臂上留下了一道道红印子，仿佛在诉说到底有多痒。臭虫是生息在床上的吸血性寄生虫，它们夜里出来活动，找血吃。如果你睡觉时被臭虫咬了，之后2周左右你都会感到被咬的地方奇痒难耐，而它们造成的伤痕将残存一个月以上。

臭虫是边爬边分好几处吸血的，被它咬上，伤口的范围会很大，想起来就毛骨悚然。为了防臭虫，入住新旅店时必须将床上的床垫翻一遍，仔细检查墙壁上是否有摁臭虫留下的印记。

我继续我的旅行，在印度周游了1个月左右，才稍微适应了旅行生活。后来，我到达印度之行的终点——孟买，为了消除疲劳，预订了一个稍贵一些的酒店，终于住上了久违的、清洁的、有热水淋浴、有空调的房间，简直就是天堂。我沉浸在幸福中，睡着了。

第二天，我前往孟买国际机场准备离开印度，想着修行一般的印度之旅终于要在今日结束，虽然每天都很累，但还是很快乐。我在机场沉浸于对印度的回忆，突然觉得腿痒，"被蚊子咬了？"我马上在痒的地方涂了治蚊子叮咬的药，却不管用，

还是很痒，非常强烈的痒。刚开始，我咯吱咯吱（指甲挠皮肤声）地挠，不想越挠越痒，痒得人要发疯。痒！痒！痒！痒！让人发狂的痒！

这时，我想起在菲律宾见到的那个旅行者，难道是臭虫？！到达曼谷机场后，我立即打开笔记本电脑，在网上检索臭虫。果然！我到底还是被臭虫咬了……住便宜的旅店时为避免被臭虫咬，我小心地采取各种防范措施，免遭臭虫之害，住中等级别的、漂亮的酒店时放松了警惕，觉得那里怎么可能有臭虫，现在我知道臭虫不仅潜伏在便宜的旅店中。

我把裤子掀起，看着臭虫咬出来的印记，吓了一跳。我的腿上有好多处红肿，看起来很丑，在短时间内，我是穿不了裙子了，在海滩也无法穿泳装了。臭虫夺走了我对夏天的美好回忆，也不知道它们藏在哪里，大家要小心。

就医的麻烦

旅行中受伤或者发生事故时，首先应该做什么

　　一定有人在旅行中受过伤。谁也不敢保证自己一定不受伤，乘坐巴士可能会遭遇事故，背着重物行走在台阶上可能会滑倒骨折，这些都是不可预知的。

　　一旦受伤，要记住保命要紧。受伤的人应该立刻联系救护车，想办法去医院治疗。在外出登山、深入腹地前一定要找个人，告诉他详细的行程，以便万一发生什么事时能随时联系上他。一定要提前确认好遇到问题或受伤需要治疗时，要用的紧急联系方式，再出发。

　　因为事故受伤的人很有可能要住院，为了确保能及时住院，要在外出前就弄清到底哪些医院或机构允许使用保险中的无现金服务。在一些国家的医院，

如果没有无现金服务，就算出示保险证，对方也不会接收你。也有一些医院，如果你不能马上交纳大量现金，即使性命攸关，对方也不会对你进行治疗，而把你放在一边不管。若就医需要比较大的金额，你只能找别人帮忙，用信用卡或者国际 ATM 卡取现金。

　　自己能动的话，问题不大，但是，如果脚受伤动不了，又没有轮椅可以坐，一个人该怎么办呢？放任不管会延误治疗时机，所以必须考虑到这种情况。在一些国家，就算有人气绝身亡倒在路边，也不会有人出面管，谁都不管，尸体就那么摆在路上。

非洲、南美洲的部分地区医疗状况很差，如脚受伤的病人只能靠双手爬到医院，想用医院的轮椅，必须先交钱。这样的国家确实存在，如果当地有认识的人，最好请他帮忙，一个人在这些国家旅行，若发生事故会非常危险。

要考虑到可能发生性命之危，先想好对策非常有必要，特别是身处没有保险所带无现金服务的地区。如果无法取出大量现金，就不要去危险的地方。有的国家可以在你受伤时用直升机送你去医院，但如果你付不了现金，就不会立即救治你。

只有做到毫无困难地先付款或用无现金服务购买治疗，才能保证及时疗伤并早日回归旅行。迅速痊愈的话，没问题，可以继续旅行。如果患了重症，最好还是先回国。保险中也有支付救援者费用的选项。如果能找人帮忙，可以利用保险从国内请求救援。有一种保险项目就是为了因为受伤而回国待伤好后继续旅行的人而设的，请提前准备好（有时需要请认识的人当证明人）。

谁都有可能遇上事故受重伤，为了保证在受重伤时能够顺利就医，要掌握保险公司可提供无现金服务治疗的医院。旅行不受伤、无事故是最好的，但是也要提前考虑到万一的情况。

預防犯罪

在海外遭遇犯罪事件时怎么办

在旅行中遭遇犯罪、受伤或者被偷盗时，要立即采取行动将受到的伤害控制在最小范围。

（1）救命。受到袭击或遭遇暴行时，首先进行紧急治疗处理，确保急救车能在第一时间将你送到医院。一定要把保命放在第一位，要是死了，有钱也没用。要立即冷静下来，保证电话畅通，打电话给警察或熟悉的人。

（2）叫警察。任何国家的警察都有可能因为担心被强盗报复，而故意晚来。出于完成警察报告（保险所需）的考虑，还是要立即打电话报警。迅速赶来的一般只有巡警。如果强盗很危险，他们可能会对你视而不见。所以要做好可能抓不到犯人的思想准备。大部分被抓的是在小村子里犯轻微罪的人。

（3）停卡、停手机。我们都知道犯罪分子在偷走卡、手机后会立即变现。所以要马上打电话办理停卡、停手机的手续，以免造成巨大损失。很多国家警察的办事效率都很低，不要等警察来后才做这些工作。为了保证迅速完成停卡、停手机的手续，保管好紧急联系号码，这很重要。

（4）完成警察报告。在不少国家，警察即使慢慢地赶到，也不会积极地查找犯人。如果是这样，直接让他们完成保险所需的警察报告就好了。也有的警察在完成报告时会拖时间，旅行者一定要立即有所行动直到拿到所需文件。

（5）申请保险（赔付）。联系保险公司，确认需要准备的文件（也可以通过查保险册子来确认）。如果缺什么，再找警察补要，然后邮寄给保险公司，提出申请。保险公司的申请表、旅行中携带的贵重物品、有可能被盗的物品的收领证明，都应该提前复印、数字化，保管好。

这五条一定要记住。

是被骗的人笨吗? 海外旅行防骗常识

在旅行时,难免遇到骗子,骗子每天都有新花样。即使同样都是中国人,在旅店中,初次见面,也要保持最低限度的警惕。

一直以来,世界各地都频繁发生诈骗事件,特别是东南亚,特别多。如果当地人亲切地对你说"想请你去我家教我学习中文"之类的,就要注意了。真的跟着他回了家,他会把门一关,拉着你玩扑克游戏,然后借机将你身上带的钱全部抢走。还有一种经常发生的骗局叫货币兑换欺诈。双方按照说好的价格兑换货币,骗子在你数钱的时候做手脚,将钱抽走。你一旦有疑问,对方就会喊"警察来了",然后迅速跑掉。避免这种骗局的方法就是去可信赖的地方兑换货币。刷信用卡时也要注意,当心卡号被盗用或磁条数据被盗用,余额全部被盗刷走。不要随便购买高价物品,买的话,要

记住在网上逐一确认交易信息。

假警察(真警察也有可能)也会设骗局,将你的钱拿走。如果你发现不对劲,对方要求你将钱包拿出来,要立即逃走。

在发展中国家,伪造出租车里程很常见,要学会和各国的出租车司机打交道的诀窍。

常见的骗局还有:只帮你搬了一下东西就向你要钱、卖东西给你却不找零钱、侵吞你的旅店押金、明明是假宝石却告诉你是真的、在粗劣绒毯上标超高价格、故意将番茄酱之类的弄到你身上再借着给你擦拭的机会偷你东西、故意将商品乱放让你踩到或碰到然后管你要钱、假装和你结婚骗你的钱、美女帅哥在拥抱你时偷走你的钱包等。在这里,不能详细地讲这些情况了,大家一定小心,别上当了。

在旅行中碰到骗子

文 /RANBORUGINI TAKORA

这是 2008 年在菲律宾发生的事。我的熟人 A 被一个自称加拿大籍的人骗走了钱。那人对 A 说，自己的护照和钱包没了，向 A 打听怎么去加拿大大使馆。A 同情他，给了他足够的钱支付交通费、饭费、住宿费，大概 5000 比索。之后又过了几天，驻马尼拉的日本大使馆发了一封电子邮件给 A，说有人假称自己是加拿大人进行欺诈，不要因为同情他而给他钱。A 愕然了，看到这封邮件才知道自己被骗。这个骗子后来被抓住了，在接受《马尼拉报》的采访时说了下面一段话"日本人待人亲切，很容易就给陌生人钱，对犯罪根本就没有戒心，我完全就是利用了日本人的善良"。差不多在 A 被骗的时候，我也遇到了同样的诈骗，不过，骗我的和骗 A 的不是同一个人。也就是说，有类骗术专门以待人善良的日本人为目标，多坏呀。

日本骗子

骗子也并不都是外国人，日本人也有。有人常打扮成背包客出现在小旅馆的大堂里，对后面来的背包客说"我一边攒旅费一边旅行。如果可以的话，今晚能和你住一个房间吗？"海外的酒店和日本的不一样，每个房间的住宿费是固定的，住的人越多，每人分摊的就越少。如果旅行者感到意外，不想贸然同意，骗子会说自己是剑桥大学，或其他名牌大学的学生，还会拿出学生证给对方看。这么一来，旅行者就不由相信骗子的话。他看起来很值得相信，他是天下无人不知、无人不晓的著名大学的学生。

实际上，马尼拉的瑞克特（Recto）站周围有很多伪造证件的人。除了假学生证，他们还提供假毕业证、假驾照、假船员资格证等，什么都有，500 比索一个，做好后一手交钱一手交货。骗子会请旅行者吃饭，询问之前的旅行，装成对这些很感兴趣的样子说："啊？！这么苦的旅行呀。如果有照片一定要让我看啊。"听了这话，你一定非常高兴，将电脑、相机都拿出来让对方看，滔滔不绝地讲旅行经历。"为了纪念这次相遇，我一定要请你喝一杯。"骗子说着，不知道从什么地方拿出一瓶啤酒。这酒里已经放了强效安眠药，你只喝了一口就感觉嘴唇发麻，但怀疑他人的善意是失礼的。你这么想着，虽然觉得有点怪，仍然继续喝，大概 10 分钟就酩酊大醉，等再醒来，已经是第二天早上了。你昨天遇到的背包客打扮的男子和电脑、相机、大量的现金都消失了。不过，他会给你留下护照、机票、旅店的住宿费，甚至足够你到机场的出租车费。你知道被骗了，咬牙切齿地回国了。

很难对人说"不""讨厌"，千万别忘了只有自己才能保护自己。

只要察觉到任何一点不对劲，都要相信自己的直觉，不要轻易被不认识的人诱惑。有时候，要抛开羞耻心，即使因为自己的判断造成了尴尬，也比上当受骗强，不是吗？

受害人不去警察局报警，警察也不会立案。骗子充分利用日本人的涵养，周密计划，进行诈骗。

不说"NO"

人们常用一句话形容疑心太重的人"看谁都像小偷"。遇见各种各样的人是旅行中的一大乐趣。但在感到"有什么地方不对劲"时必须小心。再高档的地方也可能有骗子，日本人

曼谷常见麻烦事集锦

文 / 西野風代

旅行中最不想碰到的就是麻烦事。在曼谷，要格外当心以下几种麻烦事，任何一本旅游攻略都会提醒你，要小心。

● 欺诈

当你想搭摩的前往某个著名的寺院时，摩的司机可能会对你说："那个寺院今天休息，不开门，我带你去另一个寺院吧。"然后乱开价。

王宫、卧佛寺（Wat Pho）等有名的景点都是全年开放的，记住这条就不会被骗。小心，有的司机借口带你去景点，却把你带到强买强卖的地方，比如土特产商店、宝石店、裁缝店，命令你买粗劣的商品。

在考山路等旅行者比较集中的地区，利用安眠药偷财物的案例也比较多。有人亲切地和你搭腔、交朋友，请你喝东西，而一旦你喝了对方递过来的饮品，里面的安眠药就会让你昏睡过去。等你清醒过来，你的护照、钱早就被人拿走了。

最近有报告说，在曼谷繁华的大街上，会有穿着阿拉伯风格衣服的男性用英语和旅行者搭腔，说什么"想看看日本的钱是什么样（或者想换日本钱）"，骗旅行者打开钱包拿出日元，再趁旅行者不备将钱抢走。

● 出租车

坐出租车遇到的麻烦事也不少。坐出租车从机场前往市区，对照里程表付费（高速费另付），再给司机一些兑换泰铢的手续费就可以了。但有的司机坚决不打表，说收多少钱就是多少钱。碰到这种司机，立即换别的出租车，不要上当。

在大街上拦行驶中的出租车，如果发现司机怪怪的，最好别上车。特别是女性，要避免在晚上独自乘坐出租车。

● 抢包

白天很少发生，夜里就说不好了，大部分是两个人骑车实施犯罪。包被抢走，你的钱包、钥匙、手机、护照、相机……都找不到了。确实让人心痛。为了避免损失，必须时刻记住"把包背在与车道相反的一侧""留意是否被人跟上""不要把护照等贵重物品放在包里"等。

此外，反抗可能会让你摔倒、骨折或者刺激罪犯掏刀伤人，给你带来更严重的伤害，所以遇到抢包的就放手让他抢，首先要保证的是自己的人身安全。

除了上面几种情况，售卖假货骗人、偷东西也时有发生。一时的大意、一瞬间的马虎，都可能让你被人盯上，请记住，要时刻保持高度警惕。

旅行中的时尚装扮

🎒 "你是湿婆？"

我将长长的头发在头顶高高地绾成丸子状，穿着红色的连衣长裙，戴着项链和耳钉，走在印度的加尔各答，当地的印度人突然这样对我喊。

湿婆是印度教中最高级别的神之一。

"不对！我是女的，是湿婆的妻子帕尔瓦蒂！"

"是呀！帕尔瓦蒂！来我这儿喝茶吧！"

印度教有好几个神，而印度人有收集喜欢的神的贴画、物品的习惯。不用说其中包含着祈求好运的意思，感觉和日本人喜欢收集偶像的小型肖像照片类似。

在印度，湿婆也是最受欢迎的神之一。头发是其最重要的特征。我仅靠着装就成了加尔各答的名人。

🎒 对旅行着装的建议

（又要显眼，又要受欢迎）

在旅行的各种注意事项中，服装是重要的一项。不管是图书，还是网络，都强调最佳的旅行服装，是方便行动的、不引人注目的。

但是，不引人注目和朴素不是一个概念。比如只戴一顶登山帽，还把帽子压得低低的，再在腰间系一个钱兜，一边翻看旅游攻略一边走，是很朴素，却不是"不引人注目"，很容易招来坏人的目光。

时尚的装扮也不意味着华丽，全身都是名牌的人，也很容易被坏人盯上。而在伊斯兰教地区，穿着暴露的服装会被认为失礼，更有可能成为性侵的对象。

那么，要怎样才好呢？最好的办法，就是尊重你所在的地区，"良性显眼"。

我的一个朋友在卢旺达举行婚礼，我特意穿越整个东非参加，并为此做了美甲。因为新娘是日本人，我在左手的无名指指甲上画了日本国旗；新郎是卢旺达人，我又在右手的无名指指甲上画了卢旺达的国旗。其他的指甲也涂上精心设计的漂亮的颜色，例如，我在食指、中指、小指的指甲涂上红、黄、黑，即卢旺达国旗的颜色（同时也是肯尼亚、坦桑尼亚、埃塞尔俄比亚等六个国家国旗的颜色）。这真是我独特的、划时代的美甲作品。我一边说着"我爱卢旺达！"一边将手指伸出来给大家看，所有人

都吃了一惊。这些人有在我困难的时候帮助过我的，也有请我吃过饭的，有好几个当地人曾关照过我。就算没有美甲这件事，我和他们的友谊也不会变，但通过美甲，我更好地让他们知道，我喜欢他们的国家。

🎫 靠衣着解决盗窃案件

从没在旅行中碰到危险的我，在坦桑尼亚时，竟然让人把相机偷走了。事情发生在一个叫桑给巴尔的小岛上，发生得太快了，就是一瞬间的事。

"木——几（斯瓦西里语小偷的意思）！""木——几！"

之前和我讲过话的 14 岁男孩大声叫着，我也叫起来，我们奔跑着追赶罪犯。快！

小偷是一个成年男子，我们之间体格差异太大，追上他完全不可能。那男孩，没事吧？

我没有继续追，在街上找那个男孩。

相机就算了，人没事就好。这个小岛这么小，还会碰到他吧？

那个男孩好像知道我在担心他，他找到我住的地方，还带着我的相机。

一问才知道，大家看到我在街上追小偷，都出动了，齐心协力抓住小偷。我注意到，站在男孩周围的，都

是先前从我们身边经过，听到我们喊叫的人。

"你的装扮很独特，街上的人都认识你，你喜欢坦桑尼亚。那个小偷的运气不好，如果被偷的是别人，他可能就得手了。"

当然，解决事情的关键不仅仅是打扮得显眼，也和我与当地人充分交流有关。不过，我的衣着打扮却是找回相机的契机。

🎒 时尚的装扮带来的相遇

"萨德街的 Satoko！"

在印度，我成了印度人相约见面的"地标"。

"这是哪里？"

在泰国，我多次被问路的欧美人当成泰国本地人。

"你是阿里巴巴？"

我从印度湿婆摇身变成阿里巴巴。从约旦开始，在中东，我是夜晚的主角，出名了。

"我想和你一起拍张照。"

在中国，我引起了艺人的尖叫。

借助时尚的衣着与他人交流，让我收获了许多宝贵的回忆。

🎒 对旅行有益的时尚装扮

着装的魅力是如此之大。但在这里，我想讲一些颠覆常识的、非常方便的旅行着装。

（1）恐惧最主要的理由是即使不洗头也没关系。小旅店的淋浴出水不畅，在沙漠地区旅行几天都不能洗澡，这些都没关系，发型也能保持得很好。

（2）连衣裙

仅限于女性。旅行中急着上厕所

时，会发现穿连衣裙格外方便。如果有弹性，就更方便行动了。

（3）凉鞋

这个是必备。穿着能洗淋浴，脱鞋穿鞋都很方便，有很多有设计感的款式。

（4）尼龙袋

不要以为它是用来装贵重物品的。推荐使用附近便利店的袋子，这会让外人把你当成当地人，或很有经验的旅行者，让你不容易成为犯罪目标。

（5）当地的饰品

在日本见到穿和服的外国人，便想当然地认为他们喜欢我们的国家。同样的道理，在中国旅行，可以在美发店将头发染当地流行的颜色，在乌干达旅行，就做一个当地人那样的爆炸式发型，追赶当地的流行也很有趣。

在日本，曾经有外国摄影师远远地对我喊："Hey！ girl！"然后要我给他的作品当模特儿。

两年之后再到印度，尽管头发没有挽起来，还是有人叫我："湿婆！好久不见！"

是的，绝不是夸大其词。时尚的装扮是连接人与人的纽带。然后，如果和街上的人搞好关系，还能在一定程度上预防犯罪。你可以通过时尚的装扮享受旅行的乐趣。这和朴素、华丽没关系，旅行中能穿的衣服有限。只需要跟着自己的感觉走就可以了。

旅行智慧书·海外达人带你游世界

第 **6** 章

顺利回国是旅行
重要的一环

001

再次出发与出发时间

什么时候结束旅行，每个人都不一样。自由行、跟团游的日程早就定好了，根本不用自己考虑，但也有很多人需要自己决定什么时间终止旅行。有的人买了廉价航空的 Open 票，交通工具在时间上对他们的制约比较小。那些为调整生活而出来旅行的人，比如，辞职旅行的人、办理了无限期休学出来旅行的人，不会受太多社会因素的束缚。早期的背包客大多属于这类，但是最近出来旅行的人大大减少了，可能是因为经济不景气，生活压力大，大家都拼命找工作。而且，旅行者们普遍认为等经济泡沫结束后再回国找工作，会好找一些。实际上，20 世纪 90 年代末期，30 多岁的旅行者们常聚在一起吃饭，发出"旅行毕业"的宣言，这在当时堪称一景。在就业形势严峻的今天，越来越多的人倾向进行一场充实的旅行。话虽如此，在海外待了一段时间后，旅行者必须为回国做准备。

回国准备

回国前要注意，自己是否逾期。除了自己的祖国，一个人在某个国家待的时间是有限的，不能超过规定。即使取得签证，最多也只能待几个月，不要忽视可停留的时间。

没超过规定停留日期的人可以直接回国，接下来只需要确认回国时航班的日期和时间。有人可能连收拾东西的时间都没有。

所带物品的整理

首先是整理行李，尽量处理掉你不想要的东西，但不是把它们扔到垃圾箱里，而是作为礼物送给在旅行中认识的人或者当地帮助过自己的人。旅行中用得着但回国后用不着的东西（如电源、简易热水器等），漂亮的衣物（如 T 恤）等都很受欢迎。此外，你还可以送出一些书，传统的做法是，在书上写一段话、署上赠送的时间和地点。

整理行李的时候，要注意确认里面有没有不允许入境的物品。和出去旅行时类似，危险品、食物、植物（特别是带土的）等，很有可能不许入境。机场会特别仔细地检查，你带的东西里是否有非免税的名牌货（奢侈品）、被取缔的盗版货，以及毒品。之所以重点查奢侈品和假货，是因为中国人海外旅行的一大乐趣就是购物；查毒品是因为有人贩毒。有些毒品不是旅行者故意带回来的，而是当地人作为"礼物"送给旅行者（旅行者回国后，

会有自称送礼者同伴的人以种种借口将"礼物"收回）。一定要小心别人给你的礼物，东南亚的一些国家规定，只要持有毒品就可以判死刑。

整理行李要将不能带入国内的东西、不能带出当地的东西清理干净，完成这件事后，只要记得去机场的时间，别迟到就好。出发前，带上一些现金，因为从机场到你的家还有一段路，要准备好这段路的交通费。想一想回国后要具体做哪些事，慢慢地让大脑从"旅行"的状态切换成"日常生活"的状态。

逾期的处罚

如果发现自己已经是非法滞留者该怎么办？各个国家对逾期的处理不一样。这里无法用一句话说清楚。最好到当地的大使馆讲清情况，咨询下一步该怎么办。通常，大使馆会和出入境管理局沟通，处理此事。你可能会被处以罚金并被驱逐出境。一旦受到这样的处罚，几乎所有国家都不会再允许你入境，或者多少年之内禁止你入境。这还只是普通旅行者会遇到的情况，如果犯了什么罪，处罚就不止这些了。

回归日常生活

回国后，旅行者大致会分成两类，一类人强制自己回归日常生活，一类人继续沉浸在旅行中。强制自己回归日常生活的人，大多以工作为契机，采取自由行的方式进行一地游，如，利用周末去海外旅行、利用带薪年假旅行等。他们往往必须一回国就立即投入日常的生活、工作。一些到海外旅行的学生也是如此，随着开学日的到来，回国后他们要很快回归日常，去学校上课。

继续沉浸在旅行中的人大多是不需要立即投入工作、学习的人，也不为找工作着急。话虽如此，实际生活中，很多强迫自己回归日常生活的人都没法一下子从旅行中回过神来。也就是说，回国后，大家或多或少都还是会沉浸在旅行中。那么，那些经常旅行的人是如何转换心态的呢？作为有着数十年旅行经验的背包客，我的经验是，打开行李，一点一点地整理旅行的心情。

把行李解开，一件一件地拿出里面的东西，逐个回味上面的记忆。在此基础上，不断地提醒自己，已经回国，并将这个事实慢慢地刻在心上。然后，整理相机里的照片，把它们传到博客或 Facebook 上，整理数据。

别忘了带上特产，向那些被你的海外旅行麻烦到的人、平时经常关照你的人进行问候，讲一讲旅行的经历、自己的体验，这也会对你回归日常生活有帮助。当然，也可以和家人讲讲这些话。

即使客观环境不需要你做这些，也要将心情和行李都解开。整理的过程就是回归日常生活的过程。而且，只有回归日常生活，才能充分享受下一次旅行的快乐。

特产怎么办

在海外旅行，如果能把喜欢的每样东西都当成纪念品买回去，就不会有那么多烦恼了吧。不管是上班的人，还是上学的人，哪怕只是进行了短期旅行，也少不了给别人增添麻烦。旅行回来后，要给大家带土特产。这个风俗说不好是好是坏，这是一种文化。

给公司同事和朋友的土特产，怎么也要准备 30~40 份吧，其中大半是礼节性的。你既不想花太多的时间在挑选这些土特产上，也不希望它们占太多背包空间，所以想选些分量轻的东西，算是完成任务。

这类土特产不能太贵重，最好有统一规格的包装，能在一个地方买齐，省时省事。

满足这几个条件的，我首先想到的是点心。为了方便保存，应该挑选有独立包装的，以便开箱时分给大家。不过，如果要送的人太多，可能会遗漏某些人，若真的如此，发现时往往已经拿不出东西了。

因此，我更推荐文具类的特产，比如钢笔、规尺、橡皮擦等。几乎在任何地方，这类东西都是本地产的多，进口的少，因此很容易带着当地的特色。同时，像书签之类的小文具，也不会占用太多空间。

购买这些东西最好去当地的超市或者文具店，这些地方的文具往往比土特产专店中的便宜得多，而且，你也可以把逛这些店当作旅行的一部分，一种不破坏旅行氛围的快乐的活动。

旅行信息笔记

旅行中交流信息的方式有很多，如博客、Facebook、Twitter、Google 等。
旅行中拍的照片、视频可以通过 Picasa、YouTube 等存在 web 云盘里。看你比较熟悉哪种方法，信息的收集和发布，不同的方式区别很大。

003 灵活运用海外旅行经验

放下行李，整理资料，向周围的人讲述旅行经历，这些都完成后，日常生活就开始了。

有的人在旅行结束后价值观会发生很大的变化，有的人会建立新的目标，有的人会和旅行中认识的人交流，并开始收集信息，以便更深入地了解在旅行中接触到的世界。

所有这些说到底都是要你"活用旅行中收获的经验"。

很多人希望通过旅行得到一些独特的经验，在某方面有所成长。想和他人分享旅行经验的人自然而然聚集到一起。

实际上，早有人组织以大学生为主的旅行团，并把它打造成交流的平台，比如，普及和促进女性旅行的"旅行之外"。直到今天，这些团体仍然很活跃，出版、发行免费报刊。日本也有不少非学生的旅行团体，比如，1977 年成立的"东京海外旅行研究会"，其核心成员都是有丰富旅行经验的公司职员。这个组织经常举办聚餐活动，也出版发行了一些期刊。再比如，推进女性旅行的"独自旅行委员会"，该组织常在全国范围内组织或大或小的摄影展、讨论会。在日本，以旅行为主题的咖啡屋、书店也不少，比如西荻窪的旅行书店之窗。

不时便有人和各方面接洽，着手出版自己的旅行书籍，分享特别的旅行故事。还有很多人会总结前次旅行的经验，打算再出去旅行一次。

这些都是"活用旅行经验"的方式。

求职? 旅行? 我选择的路

文 / 谷本彩香

我是一名大学四年级的学生，前些日子刚找到工作（收到这篇文章的约稿时正好在求职）。

在参加学生团体主办的、面向大学生的旅行主题活动时，常常听到有人问"马上就要开始找工作了，如果现在出去独自旅行，对找工作有什么影响吗？"是啊，会有怎样的影响呢？我在大学三年级的暑假，一个人去南亚旅行了 40 天，而没有像大家那样找工作。我至今都不知道这对我来说是不是最佳选择。假如当时在某个企业实习，或者在留学……可能后来找的工作会和现在不一样吧。

"独自旅行，会给自己带来什么变化吗？"

"现在就出去独自旅行会怎样呢？"我觉得这个问题包含这样的含义："以我现在这副样子，是没法去求职的。我想在找工作前多少改变一下自己（成长一点）。但就这样独自去旅行，真的能让自己有所改变吗？能的话，又是怎样的改变呢？"总之是发现现在的自己和理想中的自己有差距，想缩小差距。这样的想法很好！不仅即将求职的大三学生有这种想法，大一、大二的学生也有。不论独自旅行的主题是什么，大家都要面对"独自旅行会给自己带来怎样的变化"的问题。

然而，一个人旅行考虑的应是"认识"而不是"改变"。在旅途中意识到某件事，然后行动，不知不觉，你就发生了变化。如果问旅行者"一个人旅行时认识到什么？"会收到很多答案。我也是在一个人旅行后才发现人生可以有很多不同的选择。很多事情并不是看上去那么简单，很多时候我都没有为改变现状做任何努力。

对我来说，旅行不过是一个契机。

对某些人来说，旅行可能是一段生活的总结、概括，并不存在只靠旅行就实现的"变化"。人能从独自旅行中获得怎样的认识，因人而异。没有人能断言旅行后你一定会发生怎样的变化！每个人的旅行都不一样。下面我就说说，我认为对求职有用的旅行经验，欢迎大家参考。

对求职有用的旅行中培养的能力

● 自己制定计划并实现计划的能力

旅行总能让人有所收获，或对事情有新的看法，或学到某种技能。其实，不只在旅行途中，在制定旅行计划时，你就会有一些收获。出去旅行，我有哪些不足的地方？我要怎么做才算准备妥当？周游世界也好，在国内旅行也罢，自己决定去哪里，自己制定计划并让计划成功实现。这些都能极大地增强你的自信心。

● 寻求帮助的能力

一说到一个人旅行，有人会觉得很孤独。但是，正因为是一个人旅行，在旅途中才会碰到很多的人，比如，退休后才开始独自旅行的大妈、在日本工作半年出去旅行半年的大哥、辞掉工作长期旅行的护士，等等。在日本街头和你擦肩而过的人，不离开日本就不会碰到的外国人，和他们的相遇，有时纯属偶然，有时是自己主动制造机会使然。主动结识陌生人很重要，不是随便看到什么人就上去打招

呼（这很危险），而是经过仔细观察才主动打招呼。这其中的体验会让你难忘。为了快乐！为了省钱！你可以和对方一起吃晚饭，一起乘出租车，任对方向你推荐旅店。不要什么事都自己一个人面对，如果你寻求帮助，就会有人来帮你。我在独自旅行前，不会求别人帮忙，也不会拜托别人做什么事，会为求助而不好意思，甚至产生自责，嫌自己太娇气。但人不可能一个人活着，这是非常简单的道理。回国后，我常常叫别人和我一起做什么事（也谢谢邀我一起做事的各位），即使一个人也行，但大家一起会更有趣！有些事一个人解决不了，大家一起做很容易就解决了。这样的事日常生活中到处都有。要知道，一个人的旅行并不是一个人完成的。

● 迈出第一步的能力

一步之外的景色和你现在所站位置的大不相同。

当你不知道该怎么办的时候，有时不需要考虑得太多，先行动就好。你可能在去了某个地方后觉得这个地方一点都不好玩，也可能在吃过某种食物后觉得这个食物难吃极了。但反过来也有可能，本来不想去的地方在去过之后就喜欢上了。如果不知道想干什么了，不妨多试一试。从发现自己不喜欢干的事开始也行。没去过的

地方，就去看一看，不行再回来。先试试看，0 和 1 大不相同。

● 沟通能力

几乎各个企业都非常看重"沟通能力"，特别是对应届生。求职讲座上，也常有诸如"企业要求的沟通能力和学生以为的沟通能力不尽相同"的内容。

和什么人都能愉快地聊天，不能说明一个人沟通能力强。关于这个道理"听明白"和"切身体验过"并不一样。正如上文所说"一个人的旅行并不是一个人完成的"，在没有导游的情况下旅行，必然要独自面对很多人，独自处理好和他们的关系。住旅店，要和同房间的人搞好关系，讲讲有意思的事让大家笑一笑。这个时候用到的沟通能力就是学生理解的沟通能力。

上街买东西、乘坐出租车都要讲价。很多国家和日本不一样，日常生活中有很多讨价还价的空间，怎样让双方的利益趋于一致呢？只顾着对对方说"便宜点"是不行的，对方又不是志愿者，你必须有想出对双方都有利的办法的能力。这里用到的沟通能力，便是企业需要的沟通能力。购物结束后返回旅店，旅店主人可能做出完全超出你常识的事，让你难以置信。

而无论你多么愤怒，都要知道发脾气只会徒劳地浪费时间和精力，最重要的，是听听对方怎么说。在听完对方的说法后，你还需要在理解对方想法的基础上，思考出应对的方法。如果没有这种应对能力，一个人的旅行就没法继续下去，这种应对能力也是沟通能力的一种。

总之，沟通能力包含着很多能力：聊天能力、交涉能力、应对能力等。这都要在切身体会后才能明白。

● 表示"谢谢"的能力

向他人表示感谢的能力，很容易被忽视。虽说是一个人的旅行，要感谢的人却很多，比如，记挂着你的家人、因为你而重新安排工作的同事、毫无保留地为你提供旅行信息的朋友、在你迷路时向你伸出援手的陌生人……我是在很多人的帮助下，才完成了独自一人的旅行。一个人能做到的事太有限，别人对自己的帮助不是理所当然。为了你，你的同伴也许做了某些牺牲。对这些，都应该由衷地感谢，并且通过语言、态度明确地表达出来。这非常重要。

一个人旅行的陷阱——以为出去旅行过就了解了整个世界，大错特错

如果只接触很小一部分新世界，就认为自己了解了整个世界，就太傻了（大错特错）。透过相机的镜头，

我用全新的视角观察世界。"原来印度是这样的地方！"我感叹道。结果发现，镜头里的印度之所以和以往的不同，是因为我在无意中将相机的黑白模式切换成玩具模式。只看到一点，就以为掌握了全部，这比什么都不知道还要糟糕。请一定注意。

面试不是吹牛大会

面试时，偶尔会看到得意地数着自己去了多少国家的人。但是仅仅说自己去了多少个国家，是不能让对方了解你的。我曾经和一个留学归来的朋友喝酒，聊这一年做了哪些事、有什么感悟，以及以后的计划。

我是独自旅行，朋友是留学，虽然经过的地方完全不同，却能理解彼此的心情，在很多方面产生共鸣。

对方说起失败，我回想起自己因选择错误路线而登上之前登过的山时，发出"啊，这个我能理解"的感叹。

求职的结果可能就和登错山一样，按计划要去这里，结果却去了别的地方。不要说丧气话，人能做的只是在摔倒后重新站起来，思考要用怎样的方法登上你想登的山，怎样坚持到最后。并不是所有想去的地方，都能按照计划好的路线到达的。

没有想去却到不了的地方。

旅行、工作还有很多很多事，都是这个道理。

同样的，今后的人生也是，谁也不能决定人生应该怎样，活着是最好的。

长期旅行后回国工作

文 / YAMA MOTO

日本社会有一个看不见的围栏，一旦走出来，要再回去就很不容易。很多人想去国外旅行又放弃了，就是因为这个原因。我自己就听不少人说过，"如果辞职去海外长期旅行，回来再找工作会很难吧，要考虑好了再从公司辞职"。

其实没有这回事。

应届毕业生优先

"在日本，各个公司招聘，会优先录取应届毕业生。国外则不然，所以在国外求职很可能更容易。"如果你这么想的话，就错了。在日本，应届毕业生就业有机会得到奖金，仅此而已。而国外，应届毕业生连得奖金的机会都没有，求职时，应届毕业生和往届毕业生全部站在同一条起跑线上。

能力强的人得到工作，与年龄无关。所以，想找到一份自己喜欢、收入也不差的工作，从年轻时就要努力提高自己的能力。

"完了。到今天为止，我就没有做过这样的努力，如果从现在的公司辞职的话就麻烦了。长期的海外旅行就算了吧。"不要这么想，不要停止思考。

从现在开始挽回局面就可以，从现在开始努力就可以。

在长期旅行时学技术

在旅行时求职确实很难。但如果你打算花3年时间踏踏实实地旅行，回国后就业会顺利得多，可能还有希望升职。如果在旅行中学到什么技术就更好了。每个人理想的就业领域不同，必须具备的能力也不同，像背包客这样有海外志向的人，可能想在和有海外业务的公司就职吧。如果是这样，要知道，通常这类公司都要求具备一定的英语能力。

英语的学习方法

语言是一种技能，如同每天用锯子干活的木工能够将木材锯得很直一样，如果能够坚持学习英语一定的时间，一定能学会。

那么"一定的时间"到底是多长呢？通常学习3000个小时就能掌握实用英语。如果每天学习3小时的话，3年就能掌握英语。

回国后的求职活动

有人会说"我只能用英语进行简单的沟通，除此之外，还必须具备什么能力？"在大多数人都会讲英语的地方找工作，需要具备英语之外的能力。然而，日本人学英语很难，只要努力找的话，一定能找到正在招聘懂英语的人的公司。

不要只关注东京、大阪的工作，眼光放宽一些，到别的地方上找一找。面试时，讲清楚自己海外旅行的情况也很重要。讲清楚后，对方对你的印象可能会有180度的大转弯。不管用什么样的方法，一定要将自己3年的海外旅行生活讲清楚。如果只是简单地、草草地一说，对方会以为你虽然曾在海外长期旅行但什么收获都没有。你可以说自己每天都去 Go Go Bar，也可以说你曾沉浸于某个城市，重要的是向对方说明你从中得到的经验，让对方知道通过旅行，你得到了怎样的成长。若对方明白了这点，面试就完美了。

如果你有某种过人的能力，在海外旅行时曾利用这种能力做出实际成绩，面试时多讲一讲。如果掌握了两门以上的外语（例如英语和汉语），而且能在工作中运用自如，回国找工作一点都不困难。

在海外求职

哪个国家都有求职代理，求职者在代理机构的网站注册，就会有公司主动过来联系。注册、登陆这类网站都很容易，但它们通常会对你的专业能力有一定的要求，那么，对自己的经历没那么自信的人怎么才能找到工作呢？

办法就是"上门求职"。带上履历、直接去想去的公司，提出请对方雇佣的愿望。

不要以为这样没用，我的工作就是用这种方法找到的。

"上门求职"和结识女孩有些相似。在上前和对方搭讪时就要做好思想准备，对方很可能不会搭理自己。然而，即使对方不搭理也要行动，否则就没有机会。

重要的是勇气和行动，所以鼓起勇气积极地迈出第一步吧。给一家又一家的公司递自己的履历，说不定什么时候就得到面试的机会了。

旅行者直接发布消息

听说过 "Podcast" 这个词吗？这是指在网上发布音频或者视频数据的方法。在这里发布数据，全世界任何人上网都能看到。像这样将网络技术和旅行联系起来的事有很多。实际上，通过电子邮件联系或收集信息对旅行也是大有益处。在这些变化当中，利用"声音"和"图像"传递旅行和海外信息，这在以前是完全没有过的。

有声音和电脑，再加上几个免费软件，你不需要掌握编辑声音的技能，也能在网上主持广播节目。从 2010 年开始，这种节目迅速发展，现在已经有几十家的网络广播。在这当中，有包括旅行作者在内的，有一点知名度的作者，但大多是现在或者以前的背包客、知名博客作者等。

这些节目有网络广播的特点，会在旅行中收集音源，它们受欢迎的原因在于：普通人作为普通人给对旅行感兴趣的人传递信息和魅力。

如果你对某件事感兴趣，不妨做一个受欢迎的节目，为自己做记录，喜欢什么就做什么吧。

004

多样化、可持续的旅行方式

从旅行回归到日常生活，如何真正运用起从旅行中收获的经验，旅行者作为社会的一员该怎样生活……这类问题只能靠自己解决。最好在什么时间结束旅行呢？

人们最容易想到的是结婚、生子等人生节点。最近，随着环境的改善，很多地方都很适合带着孩子旅行。如果经济上允许，出去旅行没有什么困难的。实际上，在周末去海外旅行不会给人太大的经济负担（完全跟团常被认为是老年人的旅行方式，其实也有很多老年人会做短期的自由行，毕竟旅行是一生的爱好）。

有一部分人以旅行为契机，将旅行变成工作的一部分、伴随一生，比如开创旅行社，做导游领队，或从事经营咖啡馆等与旅行相关的工作。

那么，迟迟不能从旅行中毕业是不是会很惨呢？实际上有一大半的人一边想着"还想出去旅行"，一边老老实实

地工作着、生活着，说即使不再出去旅行也不会后悔是骗人的。其实，不当背包客，也可以选择其他方式去海外体验异域文化，满足自己的好奇心。

特别是"边境"这种比较小众的地方，很少有人把它当作旅行的目的地，通常是老资格的旅行者前往（也有旅行社专门接待这样的旅行者）。

由于有了一定的旅行经验，以其他方式旅行的人越来越多，现在日本的大环境，对旅行者也越来越友好。

和当初带着一本护照周游世界的人相比，简直就像梦一样。

常常有人批判性地评价今天的旅行方式，其实这样做只不过表示自己资历深而已。

如今旅行的形式越来越多样，不论采取什么形式都是在继续旅行。在无数旅行方式中该选哪一种，只有在平安无事地完成一次旅行之后才能做出选择。

爱旅行的女性往往也爱运动

文 / 山田静

环顾四周，爱登山的女性、爱野营的女性、爱跑步的女性……越来越多了。喜欢登山的女性最初只是慢慢地在高尾山散步，现在相继登上了富士山、枪之岳，并不断挑战更高更险的山。

野外露营一开始只是少数人的爱好，现在成了时尚，跑步的潮流也汹涌起来……顺应大家的需要，户外用品市场有了飞跃性的增长，专为女性用户设计的户外夹克、包、鞋子吸引了人们的目光。

这些东西也很适合背包旅行。"特意买的不能不用"，女性特有的节约精神发挥了作用，旅行和户外运动的距离一下子缩小了。

女性在旅行中体会到了"达成的快乐"。为了获得更大的成就感，越来越多的女性迷上了户外旅行，把眼光转向更宽广的世界，就这样跑步、爬山、露营的范围越来越大。大家通过博客、社交网络分享旅行见闻，不断扩大自己在网络上的朋友圈，旅行也越来越深入。远方有什么呢？女孩们也想一探究竟。

回国，开启回归社会之旅

文 / 森知子

最近，我和一年前在荷兰碰到的旅友见面了。那是两个荷兰男孩，我和他们前后相差数日到达中国喀什的青年旅社。他们俩一个是商人，28岁；一个是学生，24岁。

"你什么时候来荷兰，住我家好了。"他俩这样对我说。后来我到了荷兰，在阿姆斯特丹，在28岁的那个人的房子里住了2周；然后在弗洛宁根，在24岁的那个人的房子里住了8天。我得知，他们在结束了为期一年的长途旅行后回到荷兰，找房子，买家具，商人重新做回商人，学生也重新当回学生。他们是完全相反的两个人，性格一动一静，房子却像一个人布置出来似的。

首先，两个人的房间里都有一堵"旅行墙"，靠墙的书架上，大部分空间都摆放着迄今为止去过的国家和打算去的国家的旅游书"孤独星球"系列。书架上还有一块"回忆之角"，摆放着从世界各地买来的土特产，如西藏的珠子、吉尔吉斯斯坦的帽子、阿尔巴尼亚的宗教画、泰国的大象摆件、印度的寺院中出售的纱丽……

大家都有的回忆之角

24岁的学生在大小相当于一张榻榻米的地方贴满了旅行中住过的旅店的卡、火车票、博物馆门票等。28岁的商人喜欢西藏，还把电脑的开机密码设为"Tibet"。

有了！照片，贴了！回忆之角，做了！我在长期旅行后也将手机的邮件地址设为"Yemenibb"（也门的城市伊布）。

后长旅症候群

体会旅行的余味是快乐的，但我在结束历时两年零三个月的南美、中东之旅回到东京时，表现出了强烈的后长旅症状群，对日本产生抵触。

首先是早上，在成田机场降落时，我体会到一种违和感。我去商店买茶，店员将超级闪亮的花插在花器中，一尘不染。我问了一句"对不起，有人吗？"店员马上出来，说"让您久等了！"不，我才等了10秒钟。我到车站准备乘坐电车，广播不停地提示在黄线内排队、不要超过黄线、电车马上就来，等等。上了电车，从"感谢乘坐我们的车"开始，我接连听到"不要忘了雨伞、手机切断电源、前方有些颠簸"的提醒，最后又听到"本次电车迟到2分钟……"足足说了两分钟！虽然说这样的日本很亲切，但是不是也有些过分呢？

对电视节目也感到失望

回到日本后，我开始找新居，买家电，发现家用电器竟然响起音乐。2006年的时候，电饭煲、电话、电水壶都只会发出单调的提示声，而如今大多数电器的提示音都变成音乐。

在大自然中旅行，当然也不全是秘境，偶尔见到的大型家电都是丑陋的铁制品或者塑料制品，这让我对眼前的新家电产生抵触。虽然也和以前一样将电视机摆在起居室里，但是看到显像管就觉得讨厌，于是我用布将电视屏幕以外的地方都蒙了起来。

我对电视节目也很失望。在看过世界上好多国家的电视节目后，对日本电视节目的制作方法感到疑惑。有

的节目，嘉宾说的全是"哇哦""厉害""好吃"之类的话，参加节目的外国人也用日语说着这样的话。节目想传达的"爱""亲切"等大多加上了制作者的主观想法，有些刻意，其实只要简单地表现事实就好了。一旦电视节目里有人说纳豆对身体有好处，街上的纳豆马上就卖断货了。这国家是怎么回事啊。

在哪里都要受束缚？日本到处都是规定

旅行归来，觉得日本这儿那儿都和国外不一样，工作也一时找不到。

处处有规则的日本这么束缚人？

旅行归来，处处感受到与别国的落差，简直无法回去工作。想去游泳吧，到社区游泳池，就看着贴满了细得让人感动的注意事项。

"戴游泳帽！注意保管好私人

物品！不要跑！进入更衣室前也要稍微擦一下身体……"是觉得我考虑不到这么细致吗？越来越觉得自己是只猴子呢。甚至在休息的时候，广播中还在不断地说："为了让大家过得愉快……"就这样，满眼看到的都是日本让人讨厌的地方，如同戴上了3D眼镜一样逼真。

对日本和日本人"奇怪"的地方苦笑着说"虽然奇怪，不过不是很好吗？"

对一点不好笑的搞笑节目只能当作可爱"这个这个"，

到最后摘掉3D眼镜，我大概用了半年左右的时间。

这是不是有点像成年人恋爱呢？分手，移情别恋，回头再看，虽然当初有一点违和感，但是转一圈之后再回来，对方的缺点也能接受了，真的可爱了吗。正如同人无完人一样，国家也没有完美的。这样不断地出去旅行，开阔视野，人也因此成长。

最后的"回归"是什么？

离开日本后再回来，在某种程度上出现这样的冲击症状是正常的。想改善这种情况，还是靠环境。以我自己到目前为止的经验，最好的办法是立即回去工作或回到学校学习。对旅行的回味虽然美好，但是应该更快地找到当下生活的乐趣。有时间一个人发呆是很危险的（只有我吗）。每天早上，一边做着出门的准备，顺便看一眼旅行拍的照片，这样就够了。

旅行结束了，让我们结缘的旅行在继续

文 / 河本 BOARA

2006 年，几经周折，我满载插图、照片的游记兼旅游攻略终于出版了。2003 年我结束了周游世界之旅回到日本，还没想过要出书。

书完成的过程很辛苦，在我心里，这书就像我的孩子一样可爱。我听说如果书卖得不好，就会被当成不良库存处理掉，为了保卫这本书（《地球是圆的》），我开始了全国书店的推广之旅。

周游世界用掉了我的积蓄，所以我的全国书店之旅预算有限，我乘新干线从住处冈山出发抵达东京，每到一站就步行去书店，然后用青春18车票走遍冈山附近的县，一共拜访了200多家书店。冈山市内的书店我去了无数次，因为出了书，我还要去广播电台做节目，位于广播电台和我工作的公司间的吉田书店也去了无数次。

第一次去吉田书店，店主接待了我。店主是一位和蔼可亲的人，他说"小学馆的创始人还是我们家的会员呢。"第二次去时，店主的儿子在看店，我注意到上一次的推广已经有了成果，我的书已经摆在店中了，我和店主的儿子谈得很好。

不过，那个时候压根没想过会和这个人结婚，人生真是不可预知。

后来发现，我的丈夫看不懂地图，也不会做旅行计划，但这对我来说反而是好事。因为单身的时候，我就独自一人周游世界，去自己喜欢的地方，两个人或者更多人一起旅行，怎么说也会降低自由度。现在和丈夫旅行，他基本会按我的安排来，而有他的陪伴，之前独自一人不太敢去的地方，如今也敢去了。两个人旅行的安全感和一个人旅行的自由，我都收获了。

我们两个人的第一次旅行是新婚旅行，我们去了超难做计划的中南美洲。当时，丈夫一句话都没说，跟着我就走了。在离开日本的飞机上，丈夫要了咖啡，问"有牛奶和砂糖吗？"美国黑人服务员用日语说"真有意思"，走开了。我想："通常要对第一次见面的客人说什么呢？"丈夫的举动确实有点特别，在之后的入境检查、行李检查时，不会说英语的他一直和窗口的工作人员套近乎（他本人说是沟通）。和与自己完全不同的旅行者同行，这种体验也很有趣，喜欢旅行的人也许希望自己的同路人也喜欢旅行，但是也正因为两人都对旅行感兴趣，在旅行途中发生争执的地方也不少吧。所以在选择旅伴的时候，不妨把选择面放宽一些。

感谢让我得到这样的伴侣的缘分，我们以后还要出去旅行。

旅行结束后的思考

从艰苦的每一天开始走向"结束"

我游览过 100 多个国家，走遍了整个非洲。我曾经乘坐俄纳托拉船横渡扎伊尔河，从刚果布拉柴维尔的一侧进入刚果民主共和国金沙萨的一侧。入境的时候，因为拒绝行贿，我被持枪的警察强行带走，以莫须有的罪名关进了监狱。

第二天，被关在混凝土制的监狱里的我，无所事事，只能那么待着，任时间流逝。听说几乎所有囚犯都已经关了将近 3 个月。如果我不想办法出去，肯定也会被关在这里至少 3 个月。

我立即着手制定出狱计划——这是我人生中第一次也是最后一次制定出狱计划——在我看来，解锁 iPhone 的 SIM 卡才是属于这个时代的"出狱"，在奴隶制度早就终结的现在，我居然要制定出狱计划，实在

是没想到。

我开始考虑怎么要回被警察夺走的行李。当地警察晃着武器，敲诈勒索。虽然刚果属于法语国家，但囚犯中也有母语是英语的黑人。我请母语是英语的尼日利亚人当我的翻译，和警察交涉了几次，警察想知道我能给他多少钱。

我坚决拒绝行贿，给了钱就一定能出去吗？即使出去了，如果他们扣下我的全部财产，将我强制送回国，我还要怎么办呢？警察试图从我这里拿钱，说到钱，他的口气也没那么粗暴了。我请尼日利亚人帮我转告警察，我是断然不会给钱的。

"如果不放我走，我出去后一定要起诉你，撤你的职！"我让尼日利亚人将这句话翻译成法语讲给警察听。警察听完勃然大怒，他的声音震耳欲聋。警察对我说：

"弄死你！"

直接翻译过来是这样的，当然，

杀死我不可能，对方想让我吃苦头。恐怖，我从心底开始发抖。我觉得自己过于正直，说得太多了。

那个警察拿着一根全黑的警棍，把警察激怒会怎样呢？愤怒的警察在盛怒之下犯了错误：他将我的行李直接扔到了监狱里，机会来了！我趁机将储存在电脑里的日本大使馆电话记下来，趁警察发怒的时候，在全是黑人的牢房中，将电脑打开，用谷歌查到驻加蓬的日本大使馆电话（刚果的电话号码一下子没找到），马上向身旁的几内亚人要了一支圆珠笔芯，将电话号码抄在墙上和牛仔裤的背面。刚刚抄完，警察就将牢门打开，命令我把行李扔出去，他又将行李抢走了。但是他不知道我在这么短的时间里记下了日本大使馆的电话号码。真的是一瞬间做出的决断。被关进监狱后，犯人必然被盘剥。手机、电脑等都被抢走。我趁机将行李中的少量刚果法郎藏在衣服的口袋里。愚蠢的警察应该没有注意到我这缜密的出狱计划吧。

在监狱，可以通过监牢铁栏的空隙传递手机。探望囚犯的人给警察一些钱，就能把手机带进牢里来。收了钱的警察会将手机交给囚犯，偶尔还允许和自己关系好的囚犯到监牢外面去（例如，替我当翻译的尼日利亚人）。

藏好了钱，我开始试着和外面联系，考虑用什么办法出狱。

我听别的囚犯说有个警察和牢里的一个冈比亚人关系好，给冈比亚人钱，他就可以将手机给带进来。我像抓救命稻草一样，求冈比亚人帮忙。他隔着栏杆和一个警察说了些什么，过了一会儿，警察再次出现，拿来一部已经充好电的诺基亚手机。

我避开警察，战战兢兢地拨通了电话号码。

不是刚果的，而是位于刚果北边的驻加蓬日本大使馆的。铃声响了，然后……"驻加蓬日本大使馆。今天是休息日，请在下周星期一到星期五之间来电。如果有急事，请拨打这边的紧急联系电话……"

完了！今天是星期天……而且，我还没来得及记下紧急电话，电话就断了。

好在电话卡还有余额，一张卡存有1000刚果法郎。我又拨了一次驻加蓬日本大使馆的电话号码，记下了紧急联系电话，并立即拨打。电话铃声响起。

"你好！"这次是日本人接的电话。我第一次发现日本人的声音是那么让人高兴。在监狱中能和日本大使馆联系上，真是做梦也想不到。

"我是 KOZAKAYI MASAKI，被

关在刚果民主共和国金沙萨的监狱中，因为拒绝行贿。请帮帮我！"

我大声地、用最简洁的话说明情况，顾不上电话随时可能断掉，果然还没听到大使馆的回答，电话就断了，电话卡里的钱用光了……应该是这样。电话卡的余额不到 100 日元，我打的又是国际长途，一通话就立即断掉了。我手里的刚果法郎非常少，大部分钱连同放有贵重物品的包都被警察清点后抢走了。完了……刚才的通话，如果被大使馆的人当成恶作剧也无可奈何了。其他的囚犯没有多余的钱，没人可以帮我，也许我只能暗自感慨无故被关在牢房中几个月吧……就在胡思乱想的时候，突然，我听到鲍勃·马利的曲子。嗯？这是我手机来电的铃声吗？明明已经没有话费的手机响起了鲍勃·马利的曲子！

一瞬间我大脑一片空白，是有人给手机的主人——那个警察打电话吗？不对，今天带进来的电话卡余额应该是 0。我接起手机，手机里传来日本人的声音！

我高兴坏了！感觉自己的声音都变了。因为不知道电话什么时候又会断掉，我慌慌张张地将从会英语的冈比亚狱友和尼日利亚狱友那里打听到的这个监狱的地址和名称、警察的情况和持有武器的警察的名字都告诉了

对方。大使馆的人表示会直接派人来接我。

"好啊！"

挂断电话，我大叫了起来，眼泪夺眶而出，流个不停。

想不到真的能在监狱里联系到外面，有人来帮我了。虽然出乎意料，但这是事实，这是我迄今为止在旅行中，或者说是我人生中最高兴的事。

在绝望的深渊中，名为"日本"的救世主要来救我了。

在监牢中的尼日利亚人表示，自己国家的大使馆绝对不会来救自己。这没有错。尼日利亚人在被抓进监狱后，连打电话的愿望都没有。黑人们的眼中弥漫着绝望，他们已经被关在牢里几个月了，他们谁也没想到，日本人能从这个监狱里出去。

几个小时之后，日本大使馆的官员来到了这座叫库利马塞鲁金沙萨ADC 的监狱。交涉很艰难，但终于以我的出狱、被强制出境而告终。就这样，在被监禁 1 周后，我逃出了刚果民主共和国，再次回到扎伊尔河北侧，即布拉柴维尔一侧。

出狱计划成功了，我从心里感到自由旅行是多么幸福。我一边当买手一边继续旅行，有时甚至忘记了时间。有时会在一瞬间不知道自己在干什么。很快，我就将这起扎伊尔事件

完全抛到九霄云外。我没死，只有一次的人生，原来不知什么时候就会被警察终结！我活着经历了这件事，在到达和平的纳米比亚后，我开始歌唱活着的喜悦。

我又走过了20多个国家，多次经过欧洲，完成了第二次周游世界之旅。我的旅行也到了要结束的时刻。

🎒 鲍勃·马利

在到过190多个国家之后，我来到了牙买加的金斯敦。我所住的日本人开的旅店那布利休中有很多喜爱音乐的"不良系"旅行者。我们决定晚上一起去金斯敦的俱乐部逛酒馆。

金斯敦的治安之差是世界公认的，确实很恐怖。牙买加人的气质和他们的邻居古巴人完全不同，古巴人很稳重，牙买加人一有事就拔刀相向，这种情况在牙买加的俱乐部格外严重。歌手的歌声激昂无比，我在日本完全没见过这么狂热的情形。

我很想将这情景拍下来，于是返回旅馆带上必需的、最少的钱和相机，再回到俱乐部。突然，我被一帮强盗围住，相机也被抢走了。拿相机的强盗说，给他钱，他就把相机还给我。

在牙买加买日本相机很难。

我给了他钱，相机却没要回来。

我将身上带的钱的一半，大约1500牙买加元交给他。不料他收钱后，直接将相机交给了旁边的同伙。而这个同伙和他一样，一边在我眼前拿着相机晃，一边向我要钱。如果这样下去，我的钱会被抢光，相机也肯定要不回来了。打！把相机抢回来！我决定孤注一掷，开始奋力地抢夺相机！利用右手递钱的机会，去抢位于左手侧的相机！

"住手！"

一个男人出来制止了眼看就要发狂的我。

几个黑人强盗都逃走了，俱乐部里一阵骚乱，那个男人想平息也平息不了。当时有好几个同伴看到我和强盗纠缠。如果我反抗，警察出现的话，混乱之中酒吧里的人可能会把手枪、刀都拿出来用上，我则很有可能受害……在牙买加，这样的事是家常便饭，每天都在发生。如今想想，我为了一个区区5万日元的相机，就这么一下子死了……

"他妈的！不就是钱被抢了吗！他妈的！"

那个男人抓住还傻站着的我，给了我一巴掌。

"你的人生，不仅仅是你自己的。不是吗？"

俱乐部中传来鲍勃·马利的曲子。

摄影：牟鹏

最终，游历 200 个国家的旅行结束了，我从北京乘日本航空的飞机在成田机场降落。在接受入境检查、踏上行李检查扶梯下降的时候，"欢迎回来"一个字一个字地映入我的眼帘。之前海外旅行的回忆如走马灯一样在我脑海中闪现，我的眼泪顿时涌了出来。

我本来计划周游世界一圈的，结果周游了两圈多，在第三圈时回到日本，总共走过 201 个国家。

经过长期旅行再回到日本，什么都变晴朗了。

我的旅行结束了吗？……不，没结束。从今天开始，踏上新的旅行。

我活着回到日本，生活本身就是旅行。我没有死，我的旅行还在继续。

如果在牙买加金斯敦和强盗打起来……我又想起了打我的那个男人说的话：

"你的人生，不仅仅是你一个人的。不是吗？"

不可思议的是，我把这个声音想成了鲍勃·马利的歌声。

再次出发还是"毕业"……
旅行者的分水岭

本书的最后的一章不断出现"旅行这件事要毕业了""结束旅行"，这是没有相当艰苦的旅行就活不下去的价值观的反映，但实际上不是这样。

这里所说的"毕业"的含义是不再当长期旅行的、艰苦的背包客。它只适用于那些一心想着过去的旅行和还没有去过的国家、不能回归日常生活的人，只适用于一味沉浸在回忆中、不能踏上新生活之路的人。我感觉有很多人"没能从旅行中毕业"。

如果不能认真地结束旅行，新的生活就无法真正展开，那些你应该解决却迟迟没去解决的事情，一点一点地累积下来变成"后悔"，你会因此背上沉重的包袱，海外旅行的经验也失去了价值。

直到踏上回家的路，旅行才开始结束。

有归处，旅行才能结束，但没有归处（终点）的旅行也不会永远继续，一旦它变成"日常"了，无论多么闪亮的经历都会黯淡无光。平安回国后，好好地想一想在国内的生活，想一想将来也是结束旅行的重要事项。

不论什么时间结束旅行，谁都不必觉得不好意思。旅行本来就不过是满足自己求知欲和好奇心的方法而已。

在日常生活中如果想知道什么，想再去海外，不论什么时候都可以再次动身。

不断地为浪费掉的时间后悔，实际上毫无用处。如果一直感到烦恼，最好根据自己的情况继续旅行。

什么时候都不要拘泥于过去的形式，根据自身当时的具体情况选择适合的方式去旅行，再确定旅行的终点，重新开始（这个可能在海外才行），如果这样的话，那里才是你开始新的探索的地方。

执笔者一览

岚 YOICHI 1969 年出生于东京都杉并区的旅行家。所著 "Black Book 系列" 图书已经达到 10 种。近作有《中美洲 Black Book》（彩图社）。本人的人生哲学是——无快乐不人生。

内田洋介 埼玉县立川越高中毕业，曾就读于筑波大学。从中学开始独自去旅行，大学期间制作了以旅行为主题的免费报纸《SNUFKIN》，曾担任该报社社长。曾说旅行是最大的爱好，但是最近似乎又回归了高中时代喜欢的登山、长途越野等山岳部的活动。眼下的目标是约翰·缪尔的徒步越野旅行。

神田桂一 作家，编辑。在给《Spectator》《KETORU》《星期五周刊》供稿的同时，还编辑山本一郎 *MERUMAGA*（电子杂志）。她很高兴，因为自己发表了不少旅行方面的文章，并希望再写出更多的旅行文章。2012 年去了 5 次台湾，对其他地区的兴趣目前已经降到最低。

窪咲子 1987 年出生。曾任职杂志编辑。后以自由撰稿人的身份，用一年零八个月的时间游历了 50 个国家。将旅行中在世界各国遇到的男神集中成《世界男神猎手》在 "走遍地球的方法" 主页连载。此外，收录其旅行记录的 "周游世界☆可爱关博客" 在旅行者博客榜上常常保持在前列。

河本 BOARA 居住在冈山的一级建筑师。单身时辞职周游世界的虚弱的背包客，以自己的体验为基础，出版了集游记和旅行指南为一体、配上自己创作的插图和照片的《河本 BOARA 的地球是圆的哟——单身女子周游世界旅行日记》（YIIAROSU 出版）等书。以后想帮助出门旅行的人。

KOJIMA SATOKO 演员、MC（主持人）。高中时代留学澳大利亚。以音乐节目主持人的身份进入多媒体的世界。在 MTV、AVEX、TV tokyo 等担任正式节目直播主持人。2010 年勇敢地完成了单身女子周游世界的旅行，之后以中东、南美、非洲为中心，独自一人在 40 多个国家当海外背包客。

清水公和 1986 年 3 月 28 日生于东京都。多次为观看美国一流职业棒球队比赛和网球四大公开赛而出国旅行、利用工作的间隙进行快餐式旅行。梦想加入 "名旅会" 而不是 "名球会"，将 100 个国家换算成 2000 个本垒打，目前已经走过了 71 个国家，相于 1420 个本垒打。

下川裕治　1954 年生。曾就职于报社，后成为自由职业者。《十二万日元走遍世界》（朝日新闻社）是其处女作。出版了很多关于亚洲、冲绳旅行的书。近作有《乘坐廉价航空周游世界》（新潮社）、《在日本着陆的年轻人》（讲谈社现代新书）等。最新出版的是《周末在台湾喘口气》（朝日新闻出版）。

谷本彩香　女大学生背包客。支持单身女子旅行的学生团体 mof.OG。角田光代、TOMAKO 的世界观是关键。从大学二年级的春天第一次进行单人旅行以来，就对印度着了迷，现在慢慢有了新欢。下一个目标是墨西哥！

中岛侑子　中断医师的工作，用三年的时间在世界上流浪。旅行的同时，在巴基斯坦、肯尼亚的贫民窟从事过巡回医疗工作。《女医生 YUKO 周游世界博客》在排行榜上常常处于前列，非常有名。如今在各地举办演讲会和摄影展，在作为急救医生工作之余，以后还打算出版旅行书。

西野风代　生于东京。曾在日本做过周刊记者、女性杂志编辑，从 2006 年开始居住在秦国。目前是一名给杂志供稿的作者，写作题材从商业经营到娱乐，非常广泛。

二宫信平　幼儿园的时候就开始旅行，独自一人乘坐电车到奶奶家。从那时开始，活动范围从日本国内到国外逐渐扩大，到 29 岁时去过 100 个国家。如今经营世界杂货，出于身在日本也需要沉浸在旅行中的想法，每月在东京主办百人规模的海外旅行休闲会。Facebook、mixi 上都能搜索到"海外旅行圈"！

野 GIKU　25～30 岁都在周游世界旅行中度过。回国后，在东京当编辑，成为公司职员之后，每年进行一次海外旅行，去花钱买服饰……周游世界时开始创建的游记主页《流浪姑娘》也断断续续在经营。

MASAKI　用 7 年半的时间游历了 200 个国家的作家。1981 年出生，毕业于札幌大学。优秀学生—世界流浪—准备在全世界开设旅店。旅行是工作，等于活动策划、动画摄影师、模特、商品、杂货服饰买手、旅行评论家，在多个领域都取得了成绩。

南 MAI　原为女演员。事务所解散后，决定周游世界。用 510 天游历约 65 个国家后回国。出版单身女子旅行书《单身女子流浪记》（白杨社）。她也担任过旅行节目报道员、各种旅行活动的访谈直播、举办讲座、演讲等。参加 NHK BSI 地球 TV《EL MUNDO》节目，用约 70 天的时间完成了第二次周游世界的旅行。

向井通浩　1968 年出生。Japan Backers Link 负责人，《背包客新闻周刊》发行人兼总编辑。从大学二年级开始当背包客，一直倡导年轻人出去旅行。现在致力于整治日本的旅店环境。

森知子 旅行者，评论家。六年前与在巴基斯坦旅行时相识的英国人丈夫离婚后，成为失婚旅行者。所著书有《失婚者遍路》（双叶社）、《kamino！单身女子西班牙900千米徒步之旅行》（幻冬舍文库）。

山田静 大学时代就当背包客旅行。曾就职于秘境旅行公司，从事过旅行媒体的编辑工作。后成为自由的旅行编辑，居住在泰国。主持让单身女性旅行健康发展的"单身旅行促进委员会"。策划并编辑出版了《决定版 单身女性旅行读本》《女性的曼谷》（双叶社）等多本书籍。

RARI 邃田 1979年生于爱知县名古屋市，东京大学文学部毕业。作家，活跃在多个领域的笑话评论家。担任笑话杂志书《kome 旬刊》的总编辑。主要著作有《看这个艺人！1·2》（CYZO）、《M-1战国史》（多媒体工厂新书）、《不被当成混蛋的文章术》（学研出版）等。

RANBORUGINI TAKORA 在香港、泰国长大。在海外滞留时间长达14年，2011年回到日本。长期生活在香港、泰国、马来西亚、菲律宾、印度尼西亚。在美国LA生活过半年，在法国生活过4个月。

和田虫象 1980年出生。喜欢睡回笼觉的、有整洁气质的自由撰稿人。自己家在东京高元寺。近年来以亚洲为中心、各处搜廉价机票出去穷游成为工作常态。主要著作有《好工作》《我的旅行——518天日本纵贯强制流浪》（均为铁人社）等。

YAMAMOTO

主持人。主持过"鸟笼广播""DERE-CHO""旅行道场""Class9""律师广播""樱花通信""touch"等节目。

BUROGANBURANOBUKI

花15年时间游历世界82个国家。如果检索BUROGANBURA出现在第一位。热爱旅行，对旅行欲罢不能。监修过《走遍世界的方法——拉斯维加斯》一书。靠着旅行中的工作，游历了5大洲44个国家。活跃于每周演讲会。

图书在版编目（CIP）数据

旅行智慧书·海外达人带你游世界 /（日）丸山佑介，世界旅行者信息研究会编著；王玲译. —北京：中国轻工业出版社，2018.3

ISBN 978-7-5184-1649-3

Ⅰ.①旅… Ⅱ.①丸… ②世… ③王… Ⅲ.①旅游指南 – 世界②旅游服务 – 基本知识 Ⅳ.①K919②F590.63

中国版本图书馆 CIP 数据核字（2017）第 247186 号

TABI NO KENJIN TACHI GA TSUKUTTA KAIGAI RYOKOU SAIKYOU NAVI
© Gonzaresu Maruyama & Sekai Traveler Joho Kenkyukai 2013
Original Japanese edition published in 2013 by Tatsumi Publishing Co., Ltd.
Simplified Chinese Character rights arranged with Tatsumi Publishing Co.,Ltd.
Through Beijing GW Culture Communications Co., Ltd.

责任编辑：蒯 鑫 李苑苑
策划编辑：刘忠波　　　　　责任终审：滕炎福　　封面设计：锋尚设计
版式设计：锋尚设计　　　　责任监印：张京华

出版发行：中国轻工业出版社（北京东长安街6号，邮编：100740）
印　　刷：北京君升印刷有限公司
经　　销：各地新华书店
版　　次：2018年3月第1版第1次印刷
开　　本：889×1194　1/32　印张：7.75
字　　数：300千字
书　　号：ISBN 978-7-5184-1649-3　定价：45.00元
邮购电话：010-65241695
发行电话：010-85119835　传真：85113293
网　　址：http://www.chlip.com.cn
Email：club@chlip.com.cn
如发现图书残缺请与我社邮购联系调换
160362S6X101ZYW